FERRET - 1972

RÉPUBLIQUE FRANÇAISE

LÉGISLATION

DE

LA LÉGION D'HONNEUR

PARIS

IMPRIMERIE NATIONALE

MDCCCCIX

RECUEIL

DE

LOIS, DÉCRETS ET RÈGLEMENTS

RÉGISSANT

L'ORDRE NATIONAL

DE

LA LÉGION D'HONNEUR

ET DOCUMENTS ANNEXES

3585

RÉUNIS, ANNOTÉS ET MIS À JOUR AU 1ᵉʳ JANVIER 1909

PAR

LE SECRÉTARIAT GÉNÉRAL DE LA GRANDE CHANCELLERIE

RECUEIL

DE LOIS, DÉCRETS ET RÈGLEMENTS

RÉGISSANT

L'ORDRE NATIONAL DE LA LÉGION D'HONNEUR

MIS À JOUR AU 1ᵉʳ JANVIER 1909.

———

Bien que les détails en soient dispersés dans un très grand nombre de lois, d'ordonnances ou de décrets, la législation spéciale de la Légion d'Honneur est dominée dans son ensemble par quatre textes fondamentaux : le décret du 16 mars 1852 qui réglemente l'administration de l'Ordre et son organisation générale; le décret du 24 novembre 1852 et celui du 14 avril 1874 relatifs à l'action disciplinaire; enfin le décret du 20 juin 1890 portant réorganisation des trois Maisons d'éducation de Saint-Denis, d'Écouen et des Loges.

Toutefois, il a paru nécessaire d'ajouter à ces textes essentiels ceux qui, depuis leur promulgation, en ont abrogé ou modifié les parties les plus importantes. Les changements apportés sont signalés par une disposition typographique spéciale [1] et des notes renvoient aux lois ou décrets à consulter.

———

DÉCRET ORGANIQUE DE LA LÉGION D'HONNEUR.

Du 16 mars 1852.

LOUIS-NAPOLÉON, PRÉSIDENT DE LA RÉPUBLIQUE FRANÇAISE,

Vu l'ordonnance du 26 mars 1816 [2] . . . . . .;

Considérant que l'ordonnance précitée n'a pas été abrogée, bien qu'elle soit en partie tombée en désuétude;

Qu'il est nécessaire de réunir dans un seul décret organique les statuts de la Légion d'honneur, afin de coordonner l'ordonnance de 1816 avec les lois et décrets subséquents;

———

[1] Les dispositions abrogées, modifiées ou tombées en désuétude sont imprimées en caractères italiques.

[2] Voir aux annexes, p. 68.

Sur la proposition du Maréchal Grand Chancelier de la Légion d'honneur,

DÉCRÈTE :

TITRE PREMIER.

ORGANISATION ET COMPOSITION DE L'ORDRE.

ART. 1ᵉʳ. La Légion d'honneur est instituée pour récompenser les services civils et militaires.

ART. 2. Le Président de la République est Chef souverain et Grand Maître de l'Ordre.

ART. 3. La Légion d'honneur est composée de chevaliers, d'officiers, de commandeurs, de grands officiers et de grands-croix.

ART. 4. Les membres de l'Ordre sont à vie.

ART. 5. *Le nombre des chevaliers n'est pas limité; néanmoins, comme ce nombre est aujourd'hui trop considérable, il ne sera fait dans le civil qu'une promotion sur deux extinctions jusqu'en 1856.*

Le nombre des officiers est fixé à quatre mille; celui des commandeurs, à mille; celui des grands officiers, à deux cents; celui des grands-croix, à quatre-vingts [1].

ART. 6. *Le nombre des grands-officiers, commandeurs et officiers dépassant les limites fixées, il ne sera fait dans ces divers grades, tant au civil qu'au militaire, qu'une nomination ou promotion sur deux vacances, jusqu'à ce que l'on soit rentré dans le cadre* [1].

ART. 7. Les étrangers seront admis et non reçus; *ils ne prêtent aucun serment et ne figurent pas dans le cadre fixé* [2].

TITRE II.

FORME DE LA DÉCORATION ET MANIÈRE DE LA PORTER.

ART. 8. La décoration de la Légion d'honneur est, comme sous l'Empire, une étoile à cinq rayons doubles *surmontée d'une couronne.*

Le centre de l'étoile, entouré de branches de chêne et de laurier,

---

[1] Les dispositions des articles 5 et 6 ont été remplacées par celles de la loi du 28 janvier 1897 sur les Récompenses nationales (voir p. 52) qui a limité le nombre des légionnaires civils et fixé à la totalité des extinctions la proportion des croix de tous grades à attribuer tant dans l'ordre civil que dans l'ordre militaire. En outre, les lois des 18 décembre 1905 (voir p. 58) et 25 avril 1906 (voir page 59) ont créé, en faveur des Réserves des armées de terre et de mer et de l'Armée territoriale, des contingents spéciaux de décorations sans traitement, annuels et fixes, dont les extinctions ne donnent pas lieu à remplacement.

[2] Pour les étrangers résidant en France et pour les indigènes de l'Algérie, voir la loi du 4 juillet 1890 (p. 41) et le décret du 16 avril 1902 (p. 58). En ce qui concerne le serment des légionnaires, voir *infra*, page 6, renvoi 1.

présente d'un côté l'effigie de Napoléon avec cet exergue: Napoléon, Empereur des Français, *et, de l'autre côté, l'aigle avec la devise :* Honneur et Patrie [1].

Aʀᴛ. 9. L'étoile, émaillée de blanc, est en argent pour les chevaliers et en or pour les officiers, commandeurs, grands officiers et grands-croix.

Le diamètre est de quarante millimètres pour les chevaliers et officiers, et de soixante pour les commandeurs.

Aʀᴛ. 10. Les chevaliers portent la décoration attachée par un ruban moiré rouge, sans rosette, sur le côté gauche de la poitrine.

Les officiers la portent à la même place et avec le même ruban, mais avec une rosette.

Les commandeurs portent la décoration en sautoir attachée par un ruban moiré rouge plus large que celui des officiers et chevaliers.

Les grands officiers portent sur le côté droit de la poitrine une plaque ou étoile à cinq rayons doubles, diamantée tout argent, du diamètre de quatre-vingt-dix millimètres; *le centre représente l'aigle avec l'exergue* [1] Honneur et Patrie; ils portent, en outre, la croix d'officier.

Les grands-croix portent un large ruban, moiré rouge, en écharpe, passant sur l'épaule droite, et au bas duquel est attachée une croix semblable à celle des commandeurs, mais ayant soixante-dix millimètres de diamètre. De plus, ils portent sur le côté gauche de la poitrine une plaque semblable à celle des grands officiers [2].

TITRE III.
ADMISSION ET AVANCEMENT DANS L'ORDRE [3].

Aʀᴛ. 11. En temps de paix, pour être admis dans la Légion

[1] Modifié par le décret du 8 novembre 1870 (voir p. 19) fixant la forme actuelle de la décoration.

[2] Modifié par le décret du 8 novembre 1870 et complété par le décret du 10 mars 1891 portant réglementation du port des décorations (voir p. 19 et 43). Le port des insignes de la Légion d'honneur est protégé contre les abus qui pourraient en être faits par les dispositions de l'article 259 du Code pénal punissant d'un emprisonnement de six mois à deux ans toute personne qui aura publiquement porté une décoration qui ne lui appartient pas.

[3] On admet dans la Légion d'honneur non seulement des personnes (hommes ou femmes), mais aussi des villes et des régiments. La proposition est motivée : pour les villes, par une défense glorieuse contre l'ennemi; pour les régiments, par la prise d'un drapeau ou d'un fanion (Pour les régiments, le cas a été prévu par une décision impériale du mois de juin 1859). Toutefois, le drapeau du régiment des sapeurs-pompiers de Paris a été décoré « en reconnaissance des actes de «courage et de dévouement et des services que rend ce régiment en toutes cir-«constances ». (Décision présidentielle du 11 juin 1902.)

d'honneur, il faut avoir exercé pendant vingt ans, avec distinction, des fonctions civiles ou militaires [1].

ART. 12. Nul ne peut être admis dans la Légion d'honneur qu'avec le premier grade de chevalier [2].

ART. 13. Pour être nommé à un grade supérieur, il est indispensable d'avoir passé dans le grade inférieur, savoir :

1° Pour le grade d'officier, quatre ans dans celui de chevalier;

2° Pour le grade de commandeur, deux ans dans celui d'officier;

3° Pour le grade de grand officier, trois ans dans celui de commandeur;

4° Pour le grade de grand-croix, cinq ans dans celui de grand officier.

ART. 14. Chaque campagne est comptée double aux militaires dans l'évaluation des années exigées par les articles 11 et 13, mais on ne peut jamais compter qu'une campagne par année, sauf les cas d'exception qui doivent être déterminés par un décret spécial.

ART. 15. En temps de guerre, les actions d'éclat et les blessures graves peuvent dispenser des conditions exigées par les articles 11 et 13 pour l'admission ou l'avancement dans la Légion d'honneur.

ART. 16. En temps de paix, comme en temps de guerre, les services extraordinaires, dans les fonctions civiles ou militaires, les sciences et les arts, peuvent également dispenser de ces conditions, mais sous la réserve expresse de ne franchir aucun grade.

ART. 17. Pour donner lieu aux dispenses mentionnées dans les articles précédents, les actions d'éclat, blessures ou services extraordinaires doivent être dûment constatés.

Les propositions devront expliquer avec détail le fait pour lequel on demande la décoration [3]; elles seront transmises, par la voie

---

[1] « Les membres du Parlement ne peuvent être, à quelque titre que ce soit, l'objet d'aucune nomination ou promotion dans l'Ordre de la Légion d'honneur ». (Art. 3 de la loi du 18 juillet 1906 créant un contingent spécial à l'occasion de l'Exposition de Saint-Louis.)

[2] Les étrangers résidant à l'étranger échappent seuls à cette règle formelle; toutefois, le Président de la République, devenant par son élection Grand-Maître de l'Ordre, est, de droit, Grand-Croix de la Légion d'honneur, même s'il n'appartenait pas antérieurement à l'Ordre, et conserve cette haute dignité après la cessation de ses fonctions.

[3] Disposition complétée par : 1° l'article 34 de la loi du 16 avril 1895 (voir p. 47), 2° le décret du 26 juin 1900 (voir p. 56), en ce qui concerne les services exceptionnels.

hiérarchique, au Ministre compétent, qui les présentera au Chef de l'État [1].

ART. 18. Sauf les cas extraordinaires mentionnés aux précédents articles, il n'y aura de nominations et promotions dans l'Ordre qu'au 1er janvier et *au 15 août* [2].

ART. 19. *Dans le mois qui précède chacune de ces époques*, le Grand Chancelier *arrétera, en conseil de l'Ordre, le tableau des vacances, conformément à l'article 6* [3], et prendra les ordres du Chef de l'État pour la répartition à faire entre les différents Ministères.

ART. 20. Sur l'avis que le Grand Chancelier leur donnera, les Ministres lui adresseront les listes des personnes qu'ils jugeront avoir mérité cette distinction.

ART. 21. *De la réunion de ces listes, le Grand Chancelier formera un corps de décrets qu'il soumettra à l'approbation du Chef de l'État* [4].

ART. 22. Les Ministres, après chaque nomination ou promotion, expédient des lettres d'avis à toutes les personnes nommées dans leurs ministères.

Ces lettres d'avis leur prescrivent de se pourvoir auprès du Grand Chancelier pour obtenir l'autorisation nécessaire de se faire recevoir, d'être décoré, et l'expédition du brevet.

ART. 23. Toutes demandes de nomination ou de promotion qui seront adressées ou soumises au Président de la République, par quelque personne que ce soit autre que les Ministres, seront envoyées au Grand Chancelier, qui en fera le rapport et présentera des projets de décrets, s'il y a lieu [5].

---

[1] Après les avoir soumises au Conseil de l'Ordre. Voir Loi du 25 juillet 1873, art. 3 (p. 21) et loi du 16 avril 1895, art. 34 (p. 47).
Pour la publicité des nominations, voir la loi du 25 juillet 1873, art. 2 (p. 21) et la loi du 4 juillet 1890 pour les étrangers résidant en France (p. 41).

[2] Implicitement modifié par la loi du 6 juillet 1880 qui a fixé au 14 juillet la date de la Fête nationale et complété par l'article 3 du décret du 26 juin 1900 (voir p. 56).

[3] Remplacé par le paragraphe 3 de l'article 1er de la loi du 25 juillet 1873 (voir p. 20).

[4] Cette disposition n'est plus appliquée.

[5] Cette disposition n'est appliquée aujourd'hui qu'en ce qui concerne les candidats civils ou anciens militaires ne relevant d'aucun Département ministériel, les fonctionnaires de l'Administration centrale de la Grande Chancellerie et le personnel des Maisons d'éducation de la Légion d'honneur. (Pour les anciens militaires amputés ou retraités à la suite de blessures équivalentes à la perte absolue de l'usage d'un membre, voir décision impériale du 27 décembre 1861, p. 18.

Art. 24. A l'avenir, nul ne pourra porter la décoration du grade auquel il aura été nommé ou promu qu'après sa réception, à moins que cette décoration ne lui soit remise directement par le Chef de l'État.

TITRE IV.

MODE DE RÉCEPTION DES MEMBRES DE L'ORDRE ET *SERMENT* [1].

Art. 25. Les grands-croix et les grands officiers *prêtent serment entre les mains du Chef de l'État* [1], et reçoivent de lui leur décoration.

Art. 26. En cas d'empêchement, le Grand Chancelier ou un grand fonctionnaire du même rang dans l'Ordre sera délégué *pour recevoir le serment* [1] et procéder aux réceptions. Dans l'un et l'autre cas, le Grand Chancelier prendra les ordres du Chef de l'État.

Art. 27. Le Grand Chancelier désigne, pour procéder aux réceptions des chevaliers, officiers et commandeurs, un membre de l'Ordre d'un grade au moins égal à celui du récipiendaire.

Art. 28. *Les militaires de tout grade et de toutes armes de terre et de mer, les membres des Administrations qui en dépendent, seront reçus à la parade* [2].

Art. 29. *Le récipiendaire prête le serment ci-après :*

« *Je jure fidélité au Président de la République, à l'Honneur et à la* « *Patrie; je jure de me consacrer tout entier au bien de l'État, et de remplir* « *les devoirs d'un brave et loyal chevalier de la Légion d'honneur* [3]. »

Art. 30. L'officier chargé de la réception d'un militaire, *après avoir reçu son serment*, le frappe du plat de l'épée sur chaque épaule, et, en lui remettant *son brevet ainsi que* sa décoration, au nom du Président de la République, lui donne l'accolade [4].

Art. 31. Il ne pourra être porté cumulativement avec l'Ordre de la Légion d'honneur aucun ordre étranger, sans l'autorisation du Chef de l'État, transmise par le Grand Chancelier.

---

[1] Le serment des légionnaires a été aboli comme tous les serments politiques par le décret du 5 septembre 1870.

[2] Modifié par les décrets des 10 mai 1886 et 20 octobre 1892 réglementant le cérémonial de réception des légionnaires militaires.

[3] Abrogé par le décret du 5 septembre 1870 qui a aboli les serments politiques.

[4] Modifié par le décret du 5 septembre 1870 et complété par le décret du 10 mai 1886 réglementant le cérémonial de réception des légionnaires militaires. Dans la pratique, le brevet n'est adressé au titulaire qu'après la réception dans l'Ordre.

ART. 32. Il est adressé au Grand Chancelier un procès-verbal de chaque réception. Des règlements particuliers déterminent les modèles de procès-verbaux de réception.

TITRE V.

PENSIONS, BREVETS ET PRÉROGATIVES.

ART. 33. Tous les officiers, sous-officiers et soldats de terre et de mer en activité de service, nommés ou promus dans l'Ordre de la Légion d'honneur postérieurement au décret du 22 janvier 1852, recevront, selon leur grade dans la Légion, l'allocation annuelle suivante :

Les légionnaires	250^f
Les officiers	500^f
Les commandeurs	1,000^f
Les grands officiers	2,000^f
Les grands-croix	3,000^f

La valeur des décorations sera imputée sur la première annuité [1].

ART. 34. Les mêmes pensions sont accordées à tous les officiers de terre et de mer, membres de la Légion d'honneur, mis en retraite après le 22 janvier 1852.

ART. 35. Des brevets, revêtus de la signature du Président de la République, et contresignés du Grand Chancelier, seront délivrés

---

[1] Un décret du 29 décembre 1892 a fixé le prix des insignes des différents grades de la Légion d'honneur (voir p. 45).

Le traitement de la Légion d'honneur est payé par semestre au 1er juin et au 1er décembre (loi du 29 juillet 1881, art. 13) sur la production du titre de payement et d'un certificat de vie (voir p. 26).

Ont également droit au traitement :

1° Les officiers, sous-officiers et soldats des armées de terre et de mer amputés par suite de leurs blessures ou retraités par suite de blessures reconnues équivalentes à la perte absolue de l'usage d'un membre, nommés ou promus dans l'Ordre depuis leur admission à la retraite (loi du 16 juin 1837 pour les sous-officiers et soldats; décret du 27 décembre 1861 pour les officiers; Conseil d'État, 15 septembre 1848);

2° Les cantinières décorées au titre militaire pendant le cours d'une campagne (décision impériale du 30 novembre 1860);

3° Les gardes nationaux mobiles et sédentaires ou assimilés nommés ou promus dans l'Ordre avant le 31 décembre 1871, pour faits militaires accomplis pendant la guerre contre l'Allemagne, ou ceux qui, nommés ou promus postérieurement au 31 décembre 1871, ont été blessés pendant la guerre (loi du 29 août 1870; décrets des 16 décembre 1871 et 28 octobre 1879).

2.

à tous les membres de la Légion d'honneur nommés ou promus à l'avenir [1].

ART. 36. *On porte les armes aux officiers et chevaliers; on les présente aux grands-croix et grands officiers et aux commandeurs* [2].

ART. 37. *Les grands-croix et les grands officiers recevront les mêmes honneurs funèbres et militaires que les généraux de division et les généraux de brigade non employés, et, s'ils sont officiers généraux, ils seront considérés comme morts dans l'exercice de leur commandement.*

Les commandeurs sont assimilés aux colonels;

Les officiers aux chefs de bataillon;

Les chevaliers aux lieutenants.

Dans l'ordre civil, les honneurs funèbres et militaires seront rendus par la garde nationale aux commandeurs, officiers et chevaliers [3].

---

[1] Pour tout ce qui concerne les brevets et les droits de chancellerie, voir le décret impérial du 14 mars 1853 (page 16) et le décret du 22 mars 1875, art. 1er (page 17, renvoi [1]).

[2] Des circulaires du Ministre de la guerre en date des 18 juillet et 4 octobre 1904, prescrivent que «les honneurs sont rendus aux légionnaires : par les «hommes armés du fusil avec l'arme sur l'épaule droite; par les hommes armés «du sabre ou de la lance au port de l'arme».

[3] Les honneurs funèbres militaires sont réglés actuellement par l'article 56 du décret du 16 juin 1907 :

Les grands-croix sont traités comme les généraux de division commandants de corps d'armée; les grands officiers comme les généraux de division du cadre d'activité; les commandeurs comme les colonels; les officiers comme les chefs de bataillon ou d'escadron; les chevaliers comme les lieutenants du cadre d'activité.

Le décret du 16 juin 1907 a fixé comme suit le rang de préséance attribué au Grand Chancelier, aux dignitaires et aux membres du Conseil de l'Ordre : Dans les cérémonies publiques, le Grand Chancelier de la Légion d'honneur, les membres du Conseil de l'Ordre et la délégation des grands-croix et des grands officiers convoqués prennent rang immédiatement après le Conseil d'État. Le Grand Chancelier convoqué individuellement à une cérémonie publique par acte du Gouvernement, marche immédiatement après le vice-président du Conseil d'État. (Décret du 16 juin 1907, art. 1 et 2.)

Enfin, parmi les prérogatives des membres de l'Ordre, il faut citer la possibilité pour les légionnaires sans fortune de faire élever gratuitement une de leurs filles dans les maisons d'éducation de la Légion d'honneur. (Voir à ce sujet le décret du 20 juin 1890 qui constitue le statut actuel des trois maisons d'éducation, page 29.)

TITRE VI.

Art. 38. La qualité de membre de la Légion d'honneur se perd par les mêmes causes que celles qui font perdre la qualité de citoyen français.

Art. 39. L'exercice des droits et des prérogatives des membres de la Légion d'honneur est suspendu par les mêmes causes que celles qui suspendent les droits de citoyen français.

Art. 40. Les Ministres de la Justice, de la Guerre et de la Marine transmettent au Grand Chancelier des copies de tous les jugements en matière criminelle, correctionnelle ou de police, relatifs à des membres de l'Ordre.

Art. 41. Toutes les fois qu'il y aura eu recours en cassation contre un jugement rendu en matière criminelle, correctionnelle ou de police, relatif à un légionnaire, le procureur général auprès de la Cour de cassation en rend compte, sans délai, au Ministre de la Justice, qui en donne avis au Grand Chancelier de la Légion d'honneur.

Art. 42. Les procureurs généraux auprès des cours d'appel et les rapporteurs auprès des conseils de guerre ne peuvent faire exécuter aucune peine infamante contre un membre de la Légion qu'il n'ait été dégradé.

Art. 43. Pour cette dégradation, le président de la cour d'appel, sur le réquisitoire de l'avocat général, ou le président du conseil de guerre, sur le réquisitoire du rapporteur, prononce, immédiatement après la lecture du jugement, la formule suivante :

« Vous avez manqué à l'honneur : je déclare, au nom de la « Légion, que vous avez cessé d'en être membre. »

Art. 44. Les chefs militaires de terre et de mer rendent aux Ministres de la Guerre et de la Marine un compte particulier de toutes les peines graves de discipline qui ont été infligées à des légionnaires sous leurs ordres.

Ces ministres transmettent des copies de ce compte au Grand Chancelier.

Art. 45. La cassation d'un chevalier de la Légion, sous-officier en activité, et le renvoi d'un soldat ou d'un marin chevalier de la

---

[1] Les dispositions contenues dans le titre VI ont été complétées et précisées par celles des décrets des 24 novembre 1852 (page 13) et 14 avril 1874 (page 22). En ce qui concerne la publicité des décrets disciplinaires, v. page 15, renvoi [3].

Légion d'honneur, ne peuvent avoir lieu que d'après l'autorisation des Ministres de la Guerre et de la Marine. Ces ministres ne peuvent donner cette autorisation qu'après en avoir informé le Grand Chancelier, qui prendra les ordres du Président de la République.

Art. 46. Le Chef de l'État peut suspendre, en tout ou en partie, l'exercice des droits et prérogatives, ainsi que le traitement attaché à la qualité de membre de la Légion d'honneur, et même exclure de la Légion, lorsque la nature du délit et la gravité de la peine prononcée correctionnellement paraissent rendre cette mesure nécessaire [1].

TITRE VII.

ADMINISTRATION DE L'ORDRE.

Art. 47. L'administration de l'Ordre est confiée à un Grand Chancelier, qui travaille directement avec le Chef de l'État; il entre au Conseil des Ministres toutes les fois que le Président juge convenable de l'y appeler pour discuter les intérêts de l'Ordre [2].

Art. 48. *Un Secrétaire général, nommé par le Président de la République, est attaché à la Grande Chancellerie ; il a la signature en cas d'absence ou de maladie du Grand Chancelier, et le représente* [3].

Art. 49. Le Grand Chancelier est dépositaire du sceau de l'Ordre.

---

[1] Les grands-croix et les grands officiers de la Légion d'honneur prévenus d'un délit emportant une peine correctionnelle ne sont justiciables que de la cour d'appel devant laquelle ils sont cités directement par le procureur général. L'arrêt est rendu sans appel. La cause est portée devant la chambre civile présidée par le premier président (loi du 20 avril 1810, art. 10, Code d'instr. crim., art. 479 ; décret du 6 juillet 1810, art. 4). Si les faits dont est prévenu un grand-croix ou un grand officier sont de nature à emporter une peine afflictive ou infamante, ils sont déférés à la cour d'assises du lieu où siège la cour d'appel. (Loi du 20 avril 1810, art. 18.)

[2] Une ordonnance royale du 26 mars 1816 prescrivait que le grand chancelier doit être choisi parmi les grands officiers de la Légion (art. 64 ; voir documents annexes, page 78).

Le traitement du Grand Chancelier est fixé à 40,000 francs par an. (Décret du 14 janvier 1872.)

Depuis la loi du 26 décembre 1890, la retraite de général de division ne se cumule plus avec le traitement de Grand Chancelier.

[3] Abrogé par l'article 22 de la loi de finances du 31 décembre 1907 (voir page 60). Créée par une ordonnance royale du 19 juin 1814 qui supprimait la fonction de *grand trésorier* de la Légion d'honneur, la fonction de secrétaire général avait été maintenue par l'ordonnance royale précitée du 26 mars 1816, art. 65. (Voir documents annexes, page 78.)

Art. 50. Tous les ordres étrangers sont dans les attributions du Grand Chancelier de la Légion d'honneur [1].

Art. 51. Les décrets relatifs à la Légion d'honneur sont contresignés *par le ministre d'État* [2] et visés par le grand chancelier pour leur exécution.

Art. 52. Le Grand Chancelier présente au Chef de l'État :

1° Les rapports, projets de décrets, règlements et décisions concernant la Légion d'honneur et les ordres étrangers [3] ;

2° Les candidats présentés *par les ministres, par d'autres personnes* [4] ou par lui, pour les nominations ou promotions ;

3° Il prend ses ordres à l'égard des ordres étrangers conférés à des Français ;

4° Il transmet l'autorisation de les porter ;

5° Il soumet à l'approbation du Chef de l'État le travail relatif aux gratifications extraordinaires des membres de l'Ordre, ainsi qu'à l'admission et à la révocation des élèves pensionnaires et gratuites dans les maisons d'éducation de l'Ordre ;

6° Il dirige et surveille toutes les parties de l'administration de l'Ordre, ses établissements, la perception des revenus, les payements et dépenses [5] ;

[1] Sont également dans les attributions du Grand Chancelier de la Légion d'honneur : la médaille militaire, la médaille coloniale, les médailles commémoratives de campagnes de guerre et les différents ordres coloniaux.

[2] Aujourd'hui par le Ministre de la Justice qui a la Grande Chancellerie dans ses attributions, (Décret du 31 janvier 1870, page 19.). En vertu de l'ordonnance royale du 26 mars 1816, les ordonnances relatives à la Légion d'honneur étaient contresignées par le Président du Conseil des Ministres et visées pour leur exécution par le Grand Chancelier. Un décret du 22 janvier 1852, créant le Ministère d'État, lui confia, entre autres attributions, le contreseing des décrets rendus par le Président de la République et concernant les matières qui ne sont spécialement attribuées à aucun département ministériel. Par suite, les décrets relatifs à la Légion d'honneur furent, à partir de cette date, contresignés par le Ministre d'État, tout en étant, comme auparavant, visés par le Grand Chancelier pour leur exécution. Le 23 juin 1863, la Grande Chancellerie fut distraite du Ministère d'État et rattachée au ministère de la maison de l'Empereur et des Beaux-Arts. Elle a été rattachée au Ministère de la Justice par le décret précité du 31 janvier 1870 (voir ce décret, page 19 ; voir aussi page 28, renvoi 1, l'énumération des différents ministères auxquels les budgets et comptes de la Légion d'honneur ont été successivement annexés de 1829 à 1870).

[3] Complété, en ce qui concerne la médaille militaire, par l'article 5 de la loi du 25 juillet 1873 (voir page 21) ; en ce qui concerne les ordres coloniaux, par un décret du 23 mai 1896.

[4] Cette disposition, qui résultait de l'article 21 ci-dessus, n'est plus appliquée aujourd'hui.

[5] Modifié et complété par le décret du 1er décembre 1881 réglementant les services administratifs et financiers de la Grande Chancellerie de la Légion d'honneur (voir page 26).

7° Il présente annuellement les projets de budget, *préside les assemblées de canaux* [1], etc.

ART. 53. La cour des comptes est chargée de l'apurement et règlement des comptes et dépenses annuels de la Légion d'honneur [2].

ART. 54. Un Conseil de l'Ordre est établi près du Grand Chancelier, qui le réunit tous les mois.

Le Conseil de l'Ordre se compose comme suit :

Le Grand Chancelier, président ;

Le Secrétaire général, vice-président [3] ;

Dix membres de l'Ordre ;

Plus un secrétaire à la nomination du Grand Chancelier *et aux appointements de six mille francs* [4].

ART. 55. Les membres du Conseil sont nommés par le Président de la République.

Le Conseil sera renouvelé par moitié tous les deux ans.

Les membres sortants pourront être renommés.

Lors du premier renouvellement, les membres sortants seront désignés par le sort [5].

ART. 56. Le Grand Chancelier et le Conseil veilleront à l'observation des statuts et règlements de l'Ordre et des établissements qui en dépendent.

Le Conseil donnera son avis :

1° Sur la répartition des nominations et promotions dans la Légion d'honneur entre les divers Ministères et la Grande Chancellerie [6] ;

[1] Ce texte ne reçoit plus d'application depuis la liquidation du canal du Midi (1905).

[2] Complété par l'article 12 de la loi de finances du 29 juillet 1881 prescrivant que les opérations inscrites au budget-annexe de la Légion d'honneur doivent être effectuées sous la responsabilité d'un agent comptable. (Voir décret du 1er décembre 1881, page 26.)

[3] La fonction de Secrétaire général a été supprimée par l'article 22 de la loi de finances du 31 décembre 1907 (voir page 60). Aucune disposition légale n'a été prise en ce qui concerne la vice-présidence du Conseil de l'Ordre.

[4] Un décret du 14 mars 1853 a supprimé le traitement du secrétaire du Conseil de l'Ordre.

[5] Les membres du Conseil de l'Ordre peuvent valablement continuer leurs fonctions jusqu'à leur remplacement lorsque le renouvellement du Conseil n'a pas eu lieu aux époques fixées (Conseil d'État, 7 juin 1878).

[6] Disposition appliquée à la médaille militaire (Loi du 25 juillet 1873, art. 5) et aux ordres coloniaux (Décret du 16 mai 1907, art. 5).

2° Sur l'établissement du budget de la Légion d'honneur et sa répartition entre les diverses branches du service de la Grande Chancellerie ;

3° Sur le règlement des comptes de recettes et dépenses de ces services ;

4° Sur les mesures de discipline à prendre envers les membres de l'Ordre [1] ;

5° Sur toutes questions pour lesquelles le Grand Chancelier jugera utile de provoquer son avis [2].

ART. 57. *Il sera publié tous les ans, par les soins et sous la direction de la Grande Chancellerie, un annuaire de l'Ordre de la Légion d'honneur* [3].

ART. 58. Toutes les dispositions antérieures, contraires à celles du présent décret, sont abrogées.

ART. 59. Les Ministres et le Grand Chancelier de la Légion d'honneur sont chargés, chacun en ce qui le concerne, de l'exécution du présent décret.

Fait au palais des Tuileries, le 16 mars 1852.

Signé : LOUIS-NAPOLÉON.

Vu pour l'exécution :

Le Maréchal, Grand Chancelier de la Légion d'honneur,

Signé : EXELMANS.

Par le Président :

Le Ministre d'État,

Signé : X. DE CASABIANCA.

DÉCRET

sur la discipline des membres de la Légion d'honneur et des décorés de la Médaille militaire.

Du 24 novembre 1852.

LOUIS-NAPOLÉON, PRÉSIDENT DE LA RÉPUBLIQUE FRANÇAISE,

Vu le titre VI du décret du 16 mars 1852 et l'article 62 de l'ordon-

---

[1] Disposition rendue applicable à tous les titulaires de décorations françaises ou étrangères ressortissant à la Grande Chancellerie.

[2] Les attributions du Conseil de l'Ordre ont été complétées par la loi du 25 juillet 1873 et par l'article 34 de la loi de finances du 16 avril 1895, notamment en ce qui concerne l'examen des propositions motivées par des services exceptionnels (voir pages 20 et 47).

[3] Abrogé par un décret du 28 janvier 1856.

nance du 26 mars 1816 [1], sur la discipline des membres de l'Ordre national de la Légion d'honneur ;

Vu également les décrets des 22 janvier et 29 février 1852, portant institution de la Médaille militaire ;

Le Conseil de l'Ordre entendu,

Sur la proposition du Grand Chancelier de la Légion d'honneur,

Considérant qu'il est nécessaire de déterminer le mode d'exécution de l'action disciplinaire établie par les dispositions ci-dessus visées, et d'en étendre l'application à l'institution de la Médaille militaire,

DÉCRÈTE :

ART. 1er. Tout individu qui a perdu la qualité de Français est rayé des matricules de l'Ordre à la diligence du Grand Chancelier de la Légion d'honneur, le Conseil de l'Ordre préalablement entendu.

La même radiation a lieu, dans la même forme, sur le vu de tout jugement rendu contre un membre de l'Ordre et portant condamnation à une peine afflictive ou infamante ou emportant la dégradation militaire.

ART. 2. Lorsqu'un membre de l'Ordre est suspendu de ses droits de citoyen français, sur le vu de l'acte constatant cette suspension, le Grand Chancelier, après avoir pris l'avis du Conseil de l'Ordre, fait opérer sur les matricules la mention que cet individu est suspendu de tous les droits et prérogatives attachés à la qualité de membre de l'Ordre, ainsi que du droit au traitement qui y est affecté.

ART. 3. La condamnation à l'une des peines *du boulet* [2], des travaux publics et de l'emprisonnement, emporte la suspension des droits et prérogatives ainsi que du traitement attachés à la qualité de membre de la Légion d'honneur, pendant la durée de la peine.

ART. 4. L'envoi par punition dans une compagnie de discipline d'un militaire des armées de terre ou de mer emporte la suspension des droits et prérogatives ainsi que du traitement attachés à la qualité de membre de l'Ordre de la Légion d'honneur, pendant la durée de la punition.

ART. 5. — *Sur le vu de tout jugement définitif portant condamnation contre un membre de la Légion d'honneur, à l'une des peines mention-*

---

[1] Cet article 62 était ainsi conçu : «Un règlement particulier détermine les «peines à infliger pour les actions qui ne peuvent être l'objet d'aucune poursuite «de la part des tribunaux ou des conseils de guerre et qui, cependant, attentent «à l'honneur d'un membre de la Légion». Cette disposition, restée sans effet, n'a été reprise que dans l'article 6 de la loi du 25 juillet 1873 ; le décret du 14 avril 1874 en a déterminé l'application (v. p. 21).

[2] La peine du boulet a été abolie.

nées en l'article 3 du présent décret, le Grand Chancelier, après avoir pris l'avis du Conseil de l'Ordre, peut proposer au Chef de l'État de suspendre le condamné, en tout ou en partie, des droits et prérogatives ainsi que du traitement attachés à la qualité de membre de la Légion d'honneur, et même de l'exclure de la Légion, conformément à l'article 46 du décret du 16 mars 1852.

Les mêmes décisions peuvent être prises, dans la même forme, par application de l'article 62 de l'ordonnance du 26 mars 1816, contre tout officier des armées de terre ou de mer mis en retrait d'emploi pour inconduite habituelle ou pour faute contre l'honneur [1].

ART. 6. Les dispositions du titre VI du décret du 16 mars dernier sur l'Ordre de la Légion d'honneur, ainsi que le présent décret, sont applicables aux décorés de la Médaille militaire [2].

En cas de condamnation emportant la dégradation d'un décoré de la Médaille militaire, le président de la Cour ou du conseil de guerre prononce, immédiatement après la lecture du jugement, la formule suivante :

« Vous avez manqué à l'honneur : je déclare que vous cessez d'être « décoré de la Médaille militaire. »

ART. 7. La suspension des droits et prérogatives attachés à la qualité de membre de la Légion d'honneur ou de décoré de la Médaille militaire emporte la suspension de l'autorisation de porter les insignes d'un ordre étranger quelconque.

La privation des mêmes droits emporte également le retrait définitif de l'autorisation de porter les insignes d'un Ordre étranger.

ART. 8. Le Grand Chancelier informe de toute radiation ou suspension opérée en vertu des dispositions du présent décret le Ministre de la Justice, s'il s'agit d'un individu non militaire, et les Ministres de la Guerre et de la Marine, s'il s'agit d'un militaire ou d'un marin, ou d'un individu assimilé aux militaires ou marins [3].

ART. 9. Tout individu qui aura encouru la suspension ou la privation des droits et prérogatives attachés à la qualité de membre de la Légion d'honneur ou de décoré de la Médaille militaire, et qui en

---

[1] L'article 5 a été abrogé par un décret du 9 mai 1874.

[2] Les dispositions disciplinaires prévues pour la Légion d'honneur et pour la Médaille militaire ont été étendues aux Ordres coloniaux, à la Médaille coloniale et aux diverses médailles commémoratives de campagnes de guerre.

[3] Aux termes d'une décision impériale du 27 décembre 1861, les décrets disciplinaires doivent être insérés dans la partie supplémentaire du *Bulletin des lois.*

portera les insignes ou ceux d'un Ordre étranger, sera poursuivi et puni conformément à l'article 259 du Code pénal.

Art. 10. Les Ministres d'État, de la Justice, de la Guerre et de la Marine et des Colonies, ainsi que le Grand Chancelier de la Légion d'honneur sont chargés, chacun en ce qui le concerne, de l'exécution du présent décret.

Fait au palais de Saint-Cloud, le 24 novembre 1852.

Signé : LOUIS-NAPOLÉON.

Vu :
Le Grand Chancelier de la Légion d'honneur,
Signé : G^{al} Cte d'Ornano.

Par le Prince-Président :
Le Ministre d'État,
Signé : Achille Fould.

DÉCRET IMPÉRIAL

relatif aux brevets des membres de la Légion d'honneur.

Du 14 mars 1853.

Art. 1er. Il sera délivré des brevets, *conformes au modèle annexé au présent*, à tous les membres de la Légion d'honneur nommés ou promus à des grades dans la Légion depuis le 16 mars 1852, et à ceux qui seront nommés ou promus à l'avenir.

Art. 2. Il sera également délivré des brevets aux membres de la Légion d'honneur nommés ou promus à des grades dans la Légion d'honneur antérieurement au 16 mars 1852, qui en feront la demande à notre Grand Chancelier de l'Ordre.

Art. 3. Des brevets *conformes au modèle annexé au présent décret* seront délivrés à tous les sous-officiers et soldats des armées de terre et de mer décorés de la Médaille militaire depuis le 22 janvier 1852, et à tous ceux qui recevront cette médaille à l'avenir.

ART. 4. *Il sera perçu par la Grande Chancellerie de la Légion d'honneur, pour l'expédition des brevets mentionnés ci-dessus, savoir :*

Par brevet de chevalier...................................... 12ᶠ
— d'officier....................................... 25
— de commandeur.................................... 40
— de grand officier............................... 60
— de grand-croix .... 100 [1]

ART. 5. Seront exempts de tous frais d'expédition les sous-officiers et soldats des armées de terre et de mer nommés, en activité de service, membres de la Légion d'honneur depuis le 16 mars 1852, ou qui le seront à l'avenir.

ART. 6. Les brevets indiqués par l'article 3 seront également délivrés gratuitement aux sous-officiers et soldats qui sont ou seront décorés de la Médaille militaire.

ART. 7. L'excédent de la recette des frais d'expédition sur la dépense occasionnée par la délivrance des brevets de la Légion d'honneur sera employé : 1° à couvrir les frais de brevets délivrés aux sous-officiers et soldats conformément à l'article 5 du présent décret ; 2° à couvrir les frais de brevets de médaille militaire délivrés conformément à l'article précédent.

Ces dépenses couvertes, le surplus de l'excédent servira, s'il en existe, à augmenter le fonds de secours affecté aux membres et aux orphelines de la Légion d'honneur.

ART. 8. Les frais d'expédition seront prélevés, pour les membres de la Légion d'honneur jouissant d'un traitement à ce titre, sur la première annuité à leur payer de leur traitement.

ART. 9. Notre Grand Chancelier de l'Ordre impérial de la Légion d'honneur est chargé de l'exécution du présent décret.

---

[1] L'article 4 a été modifié et remplacé par l'article 1ᵉʳ, § 1ᵉʳ, du décret du 22 mars 1875, ainsi conçu : «A partir de la date du présent décret, il sera perçu «par la Grande Chancellerie de la Légion d'honneur, à titre de droits de chancel-«lerie, savoir :

«1° En ce qui concerne les brevets de la Légion d'honneur ;

«Par brevet de chevalier........................ 25ᶠ au lieu de 12ᶠ
— d'officier........................... 50 — 25
— de commandeur .... 80 — 40
— de grand officier .... 120 — 60
— de grand-croix................... 200 — 100.»

....

Ces droits de chancellerie ne comprennent pas le prix des insignes fixé par le décret du 29 décembre 1892 (v. page 45).

DÉCISION IMPÉRIALE

autorisant le Grand Chancelier à faire des propositions pour la Médaille militaire, en faveur des sous-officiers et soldats des armées de terre et de mer qui ont été amputés par suite des blessures reçues étant en activité de service [1].

RAPPORT À L'EMPEREUR.

Paris, le 27 décembre 1861.

SIRE,

Une loi, en date du 16 août 1837, porte que les sous-officiers et soldats des armées de terre et de mer amputés par suite de leurs blessures qui auront été nommés membres de la Légion d'honneur, depuis leur admission à la retraite, auront droit au traitement de la Légion.

Par un décret, en date du 9 février 1855, Votre Majesté a décidé que les mêmes avantages pourraient être accordés aux décorés de la Médaille militaire qui se trouveraient dans les mêmes conditions prévues par la loi du 16 juin 1837. Mais le décret du 9 février 1855, en introduisant une exception au décret réglementaire de la Médaille militaire du 29 février 1852, n'a pas fait connaître si cette exception devait s'étendre au droit de proposition qui, aux termes de l'article 4 de ce dernier décret, est réservé aux Ministres de la Guerre et de la Marine.

Il en résulte que les dispositions bienveillantes de Votre Majesté, en faveur des amputés, demeurent sans effet, attendu que les Ministres de la Guerre et de la Marine ne peuvent faire des propositions en faveur de militaires retraités et que le Grand Chancelier est arrêté par les dispositions de l'article 4 du décret du 29 février 1852.

Le Conseil de l'Ordre, que j'ai consulté sur cette question, a été d'avis à l'unanimité que le droit de proposer les amputés pour la Médaille militaire revenait tout naturellement au Grand Chancelier,

---

[1] Il résulte des dispositions de l'article 23 du décret organique du 16 mars 1852 (v. page 5), reproduisant, d'ailleurs, celles de l'Ordonnance royale du 26 mars 1816, que le Grand Chancelier a qualité pour présenter au Chef de l'État des propositions pour la Légion d'honneur en faveur des personnes qui ne sont pas présentées par les Ministres.

par la raison que les militaires amputés ne pouvaient être admis dans la Légion d'honneur que sur sa proposition et qu'il devait y avoir analogie complète entre la loi de 1837 et le décret de 1855, l'un étant la conséquence de l'autre [1].

Malgré cette interprétation toute favorable, j'ai cru devoir prendre, à cet égard, les ordres de Votre Majesté, et, dans le cas où elle daignerait m'autoriser à lui soumettre des propositions pour la Médaille militaire, en faveur des sous-officiers et soldats en retraite des armées de terre et de mer, amputés par suite de blessures reçues étant en activité de service, je la prierais de vouloir bien revêtir le présent rapport de son approbation.

Je suis avec un profond respect, Sire, de Votre Majesté, le très obéissant, très fidèle et très dévoué serviteur.

HAMELIN.

Approuvé :
NAPOLÉON.

DÉCRET IMPÉRIAL
portant que la Grande Chancellerie de l'Ordre impérial de la Légion d'honneur est distraite du Ministère des Beaux-Arts et placée dans les attributions du Ministère de la Justice et des Cultes.

Du 31 janvier 1870.

ART. 1er. La Grande Chancellerie de l'Ordre impérial de la Légion d'honneur est distraite du Ministère des Beaux-Arts et placée dans les attributions du Ministère de la Justice et des Cultes.

ART. 2. Notre Garde des Sceaux, Ministre de la Justice et des Cultes et notre Ministre des Beaux-Arts sont chargés de l'exécution du présent décret.

DÉCRET
qui modifie les insignes de la Légion d'honneur.

Du 8 novembre 1870.

LE GOUVERNEMENT DE LA DÉFENSE NATIONALE,
Vu la loi du 29 floréal an x, portant création de la Légion d'honneur,

. . . .

---

[1] Les militaires retraités pour blessure équivalente à la perte absolue de l'usage d'un membre (5 premières classes de l'échelle de gravité) ont été assimilés aux militaires amputés en ce qui concerne le droit au traitement (Conseil d'État, 15 septembre 1848).

Sur la proposition du Grand Chancelier de l'Ordre national de la Légion d'honneur,

DÉCRÈTE :

ART. 1er. La décoration de la Légion d'honneur sera modifiée ainsi qu'il suit :

La couronne qui surmonte l'étoile sera supprimée et remplacée par une couronne de chêne et laurier.

Le centre de l'étoile présentera, d'un côté, la tête de la République avec cet exergue : *République française*, 1870; et de l'autre, les deux drapeaux tricolores, avec cet exergue : *Honneur et Patrie*.

La plaque de grand officier et de grand-croix portera au centre la tête de la République, et en exergue : *République française, 1870. Honneur et Patrie.*

ART. 2. Le Grand Chancelier de l'Ordre national de la Légion d'honneur est chargé de l'exécution du présent décret.

Fait à Paris, le 8 novembre 1870.

Signé : Général TROCHU, JULES FAVRE, EMM. ARAGO, JULES FERRY, GARNIER-PAGÈS, EUGÈNE PELLETAN, ERNEST PICARD, JULES SIMON.

LOI

sur les récompenses nationales.

Du 25 juillet 1873.

L'ASSEMBLÉE NATIONALE A ADOPTÉ la loi dont la teneur suit :

ART. 1er. Il ne sera fait à l'avenir, tant dans l'ordre civil que dans l'ordre militaire, qu'une nomination de chevalier de la Légion d'honneur sur deux extinctions, jusqu'à ce qu'une loi en ait autrement ordonné.

Il ne sera fait également qu'une nomination sur deux extinctions dans les autres grades, jusqu'à ce qu'ils aient été ramenés aux chiffres fixés par le décret du 16 mars 1852 [1].

A cet effet, tous les six mois, le Conseil de l'Ordre arrêtera le nombre des extinctions notifiées dans le cours du semestre expiré. Ce tableau sera inséré au *Journal officiel* et servira de base à la fixa-

---

[1] Abrogé par l'article 3 de la loi du 28 janvier 1897 (v. page 53).

tion du nombre des décorations qui pourront être accordées dans le cours du semestre suivant.

A titre de mesure transitoire, outre la première application du présent article aux six premiers mois de l'année 1873, le Gouvernement est autorisé à attribuer aux services militaires et aux services civils le nombre de décorations resté disponible sur la moitié des extinctions qui se sont produites pendant l'année 1872.

ART. 2. Les décrets portant nomination ou promotion dans la Légion d'honneur sont insérés, sous peine de nullité, au *Journal officiel* ainsi qu'au *Bulletin des lois*.

Ces décrets donnent, pour chaque nomination ou promotion, l'exposé sommaire des services qui l'ont motivée, et particulièrement s'il s'agit d'un fait méritant une récompense exceptionnelle [1].

Ils doivent, en outre, pour chaque promotion indiquer la date de l'obtention du grade précédent.

ART. 3. Les projets de décret portant nomination ou promotion dans l'Ordre de la Légion d'honneur seront communiqués au Conseil de l'Ordre, qui vérifiera si les nominations et promotions sont faites en conformité des lois, décrets et règlements en vigueur [1].

La déclaration rendue par le Conseil de l'Ordre, à la suite de cette vérification, sera mentionnée dans chaque décret [2].

ART. 4. Chaque année, un rapport établi à la date du 31 décembre et délibéré en Conseil de l'Ordre est présenté au Chef de l'État par le Grand Chancelier pour être mis à l'appui du budget de la Légion d'honneur. Ce rapport fait connaître la situation générale de l'Ordre et l'ensemble des mouvements survenus pendant l'année écoulée.

ART. 5. Les dispositions contenues dans les paragraphes 1 et 3 de l'article 1er et dans les articles précédents sont applicables à la Médaille militaire [3].

Indépendamment des médailles à donner aux armées de terre et de mer par suite d'extinctions, le Gouvernement est autorisé à concéder jusqu'à quatre cents médailles (400) aux militaires et marins qui ont été blessés dans la dernière guerre et qui remplissent les conditions voulues pour l'obtention de cette récompense honorifique.

---

[1] Complété par l'article 34 de la loi de finances du 16 avril 1895 (v. page 47).
[2] Complété par l'article 34 de la loi de finances du 16 avril 1895 qui prévoit un avis du Conseil pour les services exceptionnels (v. page 47).
[3] En vertu de l'article 1er de la loi du 17 décembre 1892, chaque extinction dans la Médaille militaire donne lieu à une nomination.

Art. 6. Un règlement rendu dans la forme des règlements d'administration publique déterminera les peines à infliger pour les actions qui ne peuvent être l'objet d'aucune poursuite devant les tribunaux ou les conseils de guerre et qui, cependant, attentent à l'honneur d'un membre de la Légion [1].

Art. 7. Le décret du 28 octobre 1870 sur la Légion d'honneur st abrogé [2].

Art. 8. Les nominations et promotions faites dans la Légion d'honneur ne pourront être attaquées ou annulées pour cause de violation du décret du 28 octobre 1870.

Délibéré en séances publiques, à Versailles, les 24 janvier, 5 et 25 juillet 1873.

Le Président,

Signé : L. Buffet.

Le Président de la République promulgue la présente loi.

Signé : Maréchal de MAC-MAHON, duc de MAGENTA

Le Garde des Sceaux, Ministre de la Justice,

Signé : E. Ernoul.

DÉCRET

sur la discipline des membres de la Légion d'honneur.

Du 14 avril 1874 [3].

Le Président de la République française,

Sur le rapport du Garde des Sceaux, Ministre de la Justice :

Vu l'article 6 de la loi du 25 juillet 1873, sur la Légion d'honneur, ainsi conçu : « Un règlement rendu dans la forme des règlements d'administration publique déterminera les peines à infliger pour les actions qui

---

[1] Voir le décret ci-dessous du 14 avril 1874 pris en exécution de cette prescription.

[2] Aux termes de ce décret, la Légion d'honneur devait être « exclusivement réservée à la récompense des services militaires et des actes de bravoure et de dévouement accomplis en présence de l'ennemi ».

[3] Rendu applicable, par un décret du 9 mai de la même année, aux décorés de la Médaille militaire, aux titulaires de médailles commémoratives de campagnes de guerre, ainsi qu'aux Français autorisés à porter des ordres étrangers.

« ne peuvent être l'objet d'aucune poursuite devant les tribunaux ou les
« conseils de guerre et qui cependant attentent à l'honneur d'un membre
« de la Légion » ;

Vu le décret organique de la Légion d'honneur, en date du 16 mars
1852, notamment le titre VI, concernant la discipline des membres de
l'Ordre ;

. . . .

Vu l'avis du Conseil de l'Ordre national de la Légion d'honneur ;

Vu les avis du Ministre de la Guerre et du Ministre de la Marine et des
Colonies ;

Le Conseil d'État entendu,

DÉCRÈTE :

ART. 1er. Les peines disciplinaires dont les membres de la Légion
d'honneur sont passibles, lorsque les actes qui portent atteinte à leur
honneur ne peuvent être l'objet d'aucune poursuite devant les tribunaux ou les conseils de guerre, sont :

1° La censure ;

2° La suspension totale ou partielle de l'exercice des droits, prérogatives et du traitement attachés à la qualité de membre de la
Légion d'honneur ;

3° L'exclusion de la Légion.

ART. 2. La censure est prononcée par le Grand Chancelier de
l'Ordre de la Légion d'honneur.

La suspension et l'exclusion sont prononcées par le Président de
la République, sur le rapport du Grand Chancelier.

ART. 3. Les préfets, les sous-préfets, les maires et tous les officiers
de police judiciaire qui, dans l'exercice de leurs fonctions, sont
informés de faits graves de nature à entraîner contre un légionnaire
n'appartenant pas à l'armée de terre ou de mer l'application des
dispositions de l'article 1er, sont tenus d'en rendre compte au Grand
Chancelier de l'Ordre.

Leur rapport doit être transmis par la voie hiérarchique et par
l'intermédiaire du ministre compétent, dans le cas où le légionnaire
remplit des fonctions publiques.

Les ambassadeurs, les ministres plénipotentiaires et consuls
doivent également rendre compte au Grand Chancelier des faits de
cette nature qui auraient été commis en pays étranger par des légionnaires français ou étrangers. Dans ce dernier cas, leur rapport
ne peut être transmis que par l'intermédiaire du Ministre des affaires
étrangères.

3.

Art. 4. Lorsque le Grand Chancelier est saisi d'un rapport ou d'une plainte contre un légionnaire n'appartenant pas à l'armée, il fait procéder sommairement à une information préalable, et, suivant les résultats de cette information, il décide s'il y a lieu ou non de donner suite à la plainte.

Dans le cas de l'affirmative, cette décision ne peut être prise qu'après l'avis du ministre compétent, s'il s'agit d'un légionnaire remplissant des fonctions publiques.

Art. 5. Dans le cas où il est donné suite à l'affaire, le Grand Chancelier désigne trois membres de l'Ordre, d'un grade au moins égal à celui de l'inculpé, pour entendre ses explications et recueillir des renseignements sur les faits qui servent de base à la plainte; le président de cette commission d'enquête est désigné par la même décision.

S'il s'agit de légionnaires établis à l'étranger, cette désignation est faite de concert avec le Ministre des affaires étrangères, et, à défaut de légionnaires remplissant les conditions requises, les membres de la commission peuvent être pris en dehors de la Légion d'honneur.

Art. 6. L'inculpé est averti par le Grand Chancelier de la plainte dont il est l'objet, et invité à produire, dans un délai déterminé, ses moyens de défense, soit par écrit, soit verbalement, devant la commission d'enquête prévue à l'article précédent.

Art. 7. La commission transmet au Grand Chancelier le mémoire justificatif et le procès-verbal des explications orales fournies par l'inculpé; elle y joint les renseignements qu'elle a pu recueillir et son avis.

Dans le cas où l'inculpé n'aurait présenté ni défense écrite ni explications orales dans le délai fixé par la décision du Grand Chancelier, la commission renvoie le dossier avec son avis.

Toutefois, le Grand Chancelier peut accorder, sur la demande de l'inculpé, une prolongation de délai.

S'il s'agit d'un légionnaire remplissant des fonctions publiques, le dossier est communiqué au ministre compétent.

Art. 8. Le Conseil de l'Ordre peut, dans tous les cas, décider que l'inculpé sera admis à donner des explications devant trois de ses membres désignés par le Grand Chancelier.

Il émet son avis sur les mesures disciplinaires qui doivent être prises contre l'inculpé.

L'avis du Conseil ne peut être modifié qu'en faveur du légionnaire.

Cet avis, lorsqu'il conclut à l'exclusion, doit être pris à la majorité des deux tiers des votants.

ART. 9. *Les dispositions des articles 1ᵉʳ, 2 et 8 du présent règlement sont applicables aux officiers des armées de terre et de mer mis en réforme ou mis à la retraite d'office à la suite de l'avis d'un conseil d'enquête, pour inconduite habituelle ou faute contre l'honneur* [1].

Les officiers mis en non-activité à la suite d'un avis de conseil d'enquête portant qu'ils sont susceptibles d'être mis en réforme pour inconduite habituelle ou pour faute contre l'honneur, peuvent être frappés de la censure ou suspendus, dans les mêmes formes, de tout ou partie des droits attachés à la qualité de membre de la Légion d'honneur, pendant une durée qui ne pourra dépasser celle de la peine disciplinaire prononcée contre eux.

ART. 10. Les dispositions des articles 1ᵉʳ, 2 et 8 sont également applicables aux sous-officiers ou soldats, officiers mariniers ou marins contre lesquels des peines disciplinaires auraient été prononcées pour des faits portant atteinte à l'honneur.

Les Ministres de la guerre et de la marine informent le Grand Chancelier des peines prononcées pour des faits de cette nature et lui transmettent les pièces de l'instruction.

ART. 11. Le Garde des Sceaux, ministre de la justice, les ministres compétents et le Grand Chancelier de l'Ordre de la Légion d'honneur sont chargés, chacun en ce qui le concerne, de l'exécution du présent décret.

Fait à Paris, le 14 avril 1874.

Signé : Mᵃˡ DE MAC-MAHON.

Le Garde des sceaux, Ministre de la justice,

Signé : O. DEPEYRE.

Vu pour l'exécution :

Le Grand Chancelier,

Signé : VINOY.

---

[1] Modifié par un décret du 19 mai 1896 ainsi conçu : «Les dispositions des «articles 1, 2 et 8 du décret du 14 avril 1874 sont applicables : 1° aux officiers «des armées de terre et de mer mis en réforme ou mis à la retraite d'office, à la «suite de l'avis d'un conseil d'enquête, pour inconduite habituelle ou faute contre «l'honneur; 2° aux officiers de réserve des armées de terre et de mer ainsi qu'aux «officiers de l'armée territoriale révoqués de leur grade, à la suite de l'av d'un «conseil d'enquête, pour inconduite habituelle ou faute contre l'honneur.»

DÉCRET

*concernant les services administratifs et financiers
de la Grande Chancellerie de la Légion d'honneur* [1].

Du 1ᵉʳ décembre 1881.

LE PRÉSIDENT DE LA RÉPUBLIQUE FRANÇAISE,

. . . .

Vu l'instruction du 1ᵉʳ mai 1861, concernant le mode de payement des traitements de la Légion d'honneur et de la Médaille militaire;

Vu l'article 13 de la loi de finances du 29 juillet 1881, relative aux époques de payement des arrérages desdits traitements [2];

Vu l'article 12 de la même loi de finances ainsi conçu : « A partir de « l'exercice 1882, les opérations inscrites au budget annexe de la Légion « d'honneur seront effectuées sous la responsabilité d'un agent comptable, « qui rendra compte à la Cour des comptes de l'ensemble des recettes et « des dépenses effectuées pour son compte par les agents du Trésor »;

. . . .

DÉCRÈTE :

ART. 1ᵉʳ. L'agent comptable de la Légion d'honneur est nommé par un décret du Président de la République, sur la proposition du Ministre de la justice et après avis du Ministre des finances.

En sa qualité d'agent des deniers publics, il est commissionné par le Ministre des finances, conformément à l'article 17 de l'ordonnance du 14 septembre 1822.

ART. 2. L'agent comptable est assujetti à un cautionnement qui est réalisé en numéraire à la caisse centrale du Trésor public et dont le montant est fixé par un décret rendu sur le rapport du Ministre de la justice, de concert avec le Ministre des finances, conformément à l'article 14 de la loi du 8 août 1847 [3].

Il prête serment devant la Cour des comptes.

ART. 3. Le recouvrement matériel des produits et le payement matériel des dépenses de la Grande Chancellerie sont effectués, pour

---

[1] Voir page 47 le décret du 3 juillet 1896 portant réorganisation de l'Administration centrale de la Grande Chancellerie.

[2] 1ᵉʳ juin et 1ᵉʳ décembre de chaque année.

[3] Ce cautionnement a été fixé à 20,000 francs par un décret du 26 décembre 1881.

le compte de l'agent comptable de la Légion d'honneur, par les agents du Trésor ci-après :

A Paris, le caissier central du Trésor public, le payeur central de la Dette publique et le receveur central de la Seine;

Dans les départements, les trésoriers-payeurs généraux et les receveurs particuliers des finances;

En Algérie et aux colonies, les trésoriers-payeurs et leurs préposés;

Aux armées, les payeurs d'armée.

Art. 4. Sauf pour les traitements de la Légion d'honneur et de la Médaille militaire, qui se payent sur la présentation des titres délivrés par la Grande Chancellerie, aucune dépense faite pour le compte de la Légion d'honneur ne peut être acquittée par les agents du Trésor que si elle a été préalablement mandatée par le Grand Chancelier en sa qualité d'ordonnateur secondaire du ministère de la justice, et que si le mandat de payement a été revêtu du visa de l'agent comptable.

Art. 5. Les opérations de recette et de dépense effectuées au titre du budget annexe de la Légion d'honneur sont soumises à toutes les règles prescrites par les lois de finances pour les recettes et dépenses du budget de l'État.

Aucun service à la charge du budget annexe de la Légion d'honneur ne peut être fait ou consenti que sous la responsabilité du Ministre de la justice et d'après son autorisation.

Les services de recette et de dépense s'exécutent sous la direction, la surveillance et la responsabilité du Grand Chancelier.

Art. 6. Dans le mois qui précède l'ouverture de chaque trimestre, le Ministre de la justice délivre au Grand Chancelier une ordonnance de délégation, par chapitres et articles du budget annexe, du montant des dépenses présumées du trimestre à venir.

Le Grand Chancelier dispose des crédits qui lui sont délégués au moyen de mandats de payement.

Art. 7. — Dans les vingt premiers jours de chaque mois, le Grand Chancelier de la Légion d'honneur extrait des livres de la comptabilité administrative de chaque exercice, jusqu'à l'époque de sa clôture, et adresse au Ministre de la Justice une situation arrêtée au dernier jour du mois précédent.

Cette situation présente, par chapitres du budget, et, s'il y a lieu, par articles :

1° Les crédits délégués ;

2° Les droits constatés au profit des créanciers ;

3° Les mandats délivrés ;

4° Les payements effectués résultant des bordereaux sommaires établis par l'agent comptable.

ART. 8. — Sont abrogés les décrets des 20 avril 1854, 30 juillet 1858 et 7 septembre 1863, concernant l'organisation intérieure de la Grande Chancellerie de la Légion d'honneur.

ART. 9. — Le Ministre de la Justice et le Ministre des Finances sont chargés, chacun en ce qui le concerne, de l'exécution du présent décret, qui sera inséré au *Journal officiel* et au *Bulletin des lois* [1].

---

[1] A l'origine et dans la pensée de son fondateur, la Légion d'honneur devait être une institution absolument autonome au point de vue financier, indépendante du budget de l'État et gérant elle-même les biens qui constituaient sa dotation propre. Les revenus de cette dotation lui permettaient de payer à tous ses membres, civils et militaires, une pension viagère annuelle dont le montant variait suivant les grades des titulaires. Différentes causes qu'il serait trop long d'indiquer ici, notamment l'augmentation considérable de l'effectif des légionnaires résultant des campagnes du premier Empire, ne tardèrent pas à rendre la dotation de l'Ordre insuffisante pour subvenir aux dépenses nécessitées par le payement des traitements. En 1814 et 1816, il devint indispensable de réduire les traitements qu'une loi du 6 juillet 1820 réserva aux seuls légionnaires militaires.

A partir de 1820, le Trésor fut dans l'obligation d'allouer à la Légion d'honneur une subvention financière annuelle pour assurer l'équilibre du budget de l'Ordre qui, en vertu de la loi du 2 août 1829 (art. 4) se trouva rattaché à celui du Ministère des finances. Cette disposition fut rapportée par l'article 17 de la loi de finances du 9 juillet 1836, d'après lequel les recettes et les dépenses de la Légion d'honneur doivent être portées *pour ordre* dans les tableaux du budget de l'État et annexés au budget du Département ministériel auquel ressortit ce service spécial. Les budgets et comptes de la Légion d'honneur ont été ainsi successivement annexés au Ministère de la justice de 1836 à 1852, au Ministère d'État de 1852 à 1863 et au Ministère de la Maison de l'Empereur et des Beaux-Arts de 1863 à 1870. Le décret du 31 janvier 1870 (voir *supra*, page 19) en a fait, de nouveau, une annexe du budget du Ministère de la justice et des cultes. La part contributive de l'État aux dépenses de la Légion d'honneur a pris le nom de *Supplément à la dotation.* Elle est inscrite en dépenses au budget du Ministère des finances et en recettes à celui de la Légion d'honneur. Cette subvention s'est élevée pour l'exercice 1909 à 11,872,275 francs pour un crédit budgétaire total de 16,396,291 francs. (Pour l'historique du régime financier de l'Ordre, Cf. *Répertoire du droit adm.* art. «Légion d'honneur», n°° 262 et suivants.)

STATUT

des Maisons d'éducation de la Légion d'honneur [1].

Du 20 juin 1890.

Le Président de la République, Grand-Maître de l'Ordre national de la Légion d'honneur,

Vu les décrets des 29 mars 1809 et 15 juillet 1810, portant création des maisons d'éducation destinées aux filles des membres de la Légion d'honneur ;

. . . .

Afin d'établir l'unité de direction dans les trois maisons d'éducation de la Légion d'honneur, et de créer de nouveaux débouchés aux élèves, à leur sortie,

Sur la proposition du Grand Chancelier,

Le Conseil de l'Ordre entendu,

Décrète :

TITRE PREMIER.

DISPOSITIONS GÉNÉRALES. — DES CONDITIONS D'ADMISSION.

Art. 1er. — Les trois Maisons de la Légion d'honneur, de Saint-Denis, d'Écouen et des Loges, sont instituées pour faire gratuitement l'éducation de huit cents filles légitimes de légionnaires sans fortune, une seule pouvant être admise par famille, excepté dans le cas d'orpheline de père et de mère.

Sur ces huit cents élèves, la Maison de Saint-Denis en reçoit quatre cents, la Maison d'Écouen deux cents, la Maison des Loges deux cents.

Art. 2. — Des élèves payantes, filles, petites-filles, sœurs ou

---

[1] Voir les modifications apportées au décret du 20 juin 1890 par le décret du 8 juin 1897 (page 55).

Les Maisons de la Légion d'honneur ont été instituées en principe par un décret impérial daté de Schœnbrunn le 15 décembre 1805. Ce décret prévoyait l'établissement de trois Maisons d'éducation pour 300 filles de légionnaires. Il convient de rappeler qu'en vertu de l'article 12 du décret du 22 janvier 1852 créant la Médaille militaire, un château national devait être spécialement destiné à servir de maison d'éducation pour les filles ou orphelines indigentes des familles dont les chefs obtiendraient cette distinction. Aucune suite effective n'a été donnée à ce projet.

nièces des membres de l'Ordre, peuvent, en outre, être admises dans ces maisons d'éducation,

Savoir :

Soixante-quinze à Saint-Denis et quarante entre les deux autres Maisons.

Art. 3. — Le prix de la pension d'une élève payante est fixé à 1,000 francs pour la Maison de Saint-Denis, et à 700 francs pour les Maisons d'Écouen et des Loges.

A l'entrée d'une élève, boursière ou payante à Saint-Denis, les parents payent la somme de 300 francs pour son trousseau.

Dans les succursales, le trousseau est de 250 francs, fourni par la Grande Chancellerie pour les élèves boursières et il est payé par les parents pour les élèves payantes.

Art. 4. — Toute jeune fille, pour être nommée dans les maisons d'éducation, devra être âgée de neuf ans, au moins, et n'avoir pas atteint onze ans au 1er octobre de l'année dans laquelle aura lieu sa nomination [1].

Elle sortira de l'établissement, quel que soit son âge, après avoir accompli sept années scolaires, sauf le cas prévu par l'article 12 du présent décret.

Dans le cas où une élève boursière vient à décéder dans l'une des maisons d'éducation ou est obligée d'en sortir définitivement, soit pour raison de santé, soit pour insuffisance d'aptitude et de travail dûment constatées, conformément aux prescriptions de l'article 10, et avant d'avoir terminé sa troisième année d'études, le Grand Chancelier peut admettre une de ses sœurs à la remplacer.

Les élèves admises ainsi à titre de remplaçantes devront n'avoir pas atteint onze ans au moment de leur entrée dans l'établissement [1].

Art. 5. — Les élèves doivent produire, avant leur entrée, un certificat de médecin constatant qu'elles ont été vaccinées ou qu'elles ont eu la petite vérole; qu'elles n'ont aucun vice de conformation et qu'elles ne sont atteintes d'aucune maladie chronique ou contagieuse.

A leur entrée dans la maison d'éducation, elles seront examinées par le médecin de l'établissement et leur admission ne deviendra définitive qu'après qu'il aura déclaré qu'elles satisfont aux conditions sanitaires exigées.

---

[1] Bien que cette disposition n'ait pas été officiellement modifiée, l'usage s'est établi depuis quelques années de reporter la limite d'âge à douze ans.

Toute élève qui aura suivi les cours d'un établissement d'instruction public ou libre aura de plus à produire un certificat constatant qu'elle a eu une bonne conduite pendant tout le temps qu'elle a appartenu à cet établissement.

Toutes les aspirantes auront, en outre, à subir un examen d'aptitude comprenant une épreuve d'orthographe et une épreuve de calcul, dont les conditions seront déterminées par un règlement spécial [1].

ART. 6. — La date de l'entrée de chaque promotion est fixée au 1er octobre.

Aucune élève ne pourra être admise pendant le cours de l'année scolaire qu'à titre exceptionnel et pour des raisons majeures [2].

ART. 7. — Entre le 15 et le 30 juillet de chaque année, le Grand Chancelier établira les listes des candidatures aux places gratuites dans les maisons d'éducation de la Légion d'honneur, et, après les avoir fait approuver par le Président de la République [3], il assignera à chaque élève, d'après le chiffre des vacances et la situation des familles, la maison dans laquelle elle sera reçue.

Si, par suite des aptitudes particulières d'une élève, il y avait intérêt pour elle à suivre les cours d'une autre maison que celle pour laquelle elle avait été désignée, le Grand Chancelier pourra, au cours de son éducation, et avec le consentement des parents, prononcer son changement de maison.

Un règlement ultérieur fixera les conditions dans lesquelles cette mutation pourra avoir lieu.

---

[1] Cet examen comprend : 1° une dictée d'orthographe servant en même temps d'épreuve d'écriture, de 12 lignes au plus; — 2° une question d'arithmétique portant sur les quatre règles (nombres entiers et décimaux) et sur les principes du système métrique; — 3° une rédaction d'un genre simple portant sur l'un des sujets suivants : Récit, lettre ou leçon de choses (aliments, vêtements), 15 lignes environ; — 4° une épreuve de couture : marque et ourlet; — 5° des questions élémentaires sur l'histoire de France, des origines à 1789, et sur la géographie générale et la géographie de la France; — 6° une épreuve *facultative* de langue vivante (anglais ou allemand), deux phrases, thème et version.

[2] Toutefois, lorsque des vacances viennent à se produire parmi les élèves nouvellement admises à la rentrée d'octobre, ces vacances peuvent être comblées par des admissions complémentaires.

[3] L'usage s'est établi de faire prononcer les admissions par décret du Président de la République, contresigné du Garde des Sceaux, Ministre de la Justice. En vertu de la loi de finances du 23 avril 1833, la liste des élèves admises dans les maisons d'éducation doit être insérée à la suite du budget de la Légion d'honneur.

Aʀᴛ. 8. — Les Maisons d'éducation de la Légion d'honneur sont placées sous l'autorité et la surveillance du Grand Chancelier.

TITRE II.

DE L'ENSEIGNEMENT.

Aʀᴛ. 9. — L'éducation des Maisons de la Légion d'honneur a pour but d'inspirer aux élèves l'amour de la patrie et les vertus de famille.

Les élèves y reçoivent une instruction et y acquièrent des talents qui peuvent, au besoin, leur créer des moyens d'existence pour l'avenir.

Aʀᴛ. 10. — A leur entrée dans les maisons, les élèves sont réparties dans les diverses classes, suivant le degré de leur instruction.

Chaque année, du 15 au 30 juillet, dans toutes les classes, les élèves seront soumises à un examen de passage à la classe supérieure. Faute d'avoir satisfait à cet examen, une élève pourra être obligée de redoubler la classe qu'elle aura mal faite, ou, s'il y a lieu, elle sera rendue à sa famille.

Aʀᴛ. 11. — L'enseignement est réglé ainsi qu'il suit :

Dans les trois Maisons, préparation au brevet élémentaire ou de 2ᵉ ordre de l'enseignement primaire.

Aux Loges : Enseignement professionnel; coupe et confection de robes, broderies, dessin industriel.

A Écouen : Enseignement commercial, comptabilité et tenue de livres, préparation aux emplois dans les Postes et Télégraphes, la Banque, le Crédit foncier, etc.

A Saint-Denis : Préparation au brevet supérieur ou de 1ᵉʳ ordre de l'enseignement primaire, enseignement artistique supérieur, musique, dessin, préparation à l'obtention du brevet d'aptitude à l'enseignement du dessin et de la musique.

Préparation pour les stagiaires à l'obtention du diplôme de fin d'études secondaires ou au certificat d'aptitude à l'enseignement dans les lycées et collèges de jeunes filles.

Aʀᴛ. 12. Les élèves des maisons d'Écouen et des Loges qui auront obtenu, à l'expiration de leur cinquième année de présence dans l'établissement, le brevet de 2ᵉ ordre de l'enseignement primaire, seront transférées, à moins de volonté contraire exprimée par leur famille, dans la maison de Saint-Denis, pour s'y préparer, en deux années, à l'obtention du brevet de 1ᵉʳ ordre.

Toutefois, les élèves qui, après leur première année de préparation, seraient jugées incapables d'acquérir, dans l'année qui leur reste
à faire, le brevet de 1er ordre, seront réintégrées dans la maison d'où
elles sortent pour y suivre les cours spéciaux à chacune de ces maisons.

De même, les élèves de Saint-Denis qui se trouveraient dans cette
situation d'infériorité seront, suivant les aptitudes qu'elles auront
manifestées et sur le consentement de leur famille, admises au cours
supérieur des arts ou envoyées dans les succursales pour y suivre les
cours spéciaux.

Dans des cas exceptionnels, le Grand Chancelier pourra accorder
une année de prolongation de séjour dans les maisons d'éducation à
des élèves qui, par suite de maladie ou pour d'autres motifs, n'auraient pu terminer, en deux années, leur préparation au brevet supérieur.

ART. 13. *Le bénéfice des travaux manuels exécutés aux Loges par les
élèves leur est remis à leur sortie de l'établissement* [1].

ART. 14. Les élèves font leurs robes, entretiennent leur linge et
celui de la maison.

On leur enseigne tout ce qui peut être utile à une mère de famille,
comme la préparation des aliments et les travaux de buanderie.

ART. 15. Pendant la première année, les élèves reçoivent des leçons élémentaires de musique vocale et de dessin.

Pourront être exceptionnellement autorisées à prendre, dès leur
entrée, des leçons de piano, les élèves qui, dans leur famille, auront
déjà fait une étude sérieuse de cet instrument.

A partir de la deuxième année, les élèves qui montreront des dispositions particulières pour le piano ou le dessin pourront commen-
cer à en prendre des leçons spéciales, sans interrompre toutefois le
cours régulier des études classiques.

ART. 16. Après la quatrième année d'études, les élèves des trois
maisons qui montreront de grandes dispositions pour la musique ou
le dessin, pourront, sur la demande des familles, être dispensées de

---

[1] Remplacé par un décret du 10 janvier 1897, ainsi conçu :

« Le bénéfice des travaux manuels exécutés à la maison des Loges par les élèves
« de cet établissement est versé à une masse dite *Masse des travaux manuels.*

« Les élèves reçoivent à leur sortie, soit en nature, soit en argent, une part pro-
« portionnelle à leur travail.

« Le fonctionnement de la masse est arrêté par le Grand Chancelier ».

certaines parties des études classiques et consacrer plus de temps à l'étude des arts.

Après la cinquième année d'études, les élèves des deux succursales qui se seront distinguées dans l'étude du dessin ou de la musique, pourront, avec l'agrément ou sur la demande des familles, être trans·férées dans la maison de Saint-Denis, pour y suivre le cours supérieur des arts [1].

TITRE III.

DU PERSONNEL.

ART. 17 [2]. A. — Le personnel de la maison de Saint-Denis est composé ainsi qu'il suit :

	NOMBRE des PARTIES pre-nantes.	TRAITEMENT	
		de DÉBUT.	MAXIMUM.
Surintendante......................	1	//	6,000
Directrice des études....................	1	2,500	3,500
Surveillante générale.....................	1	2,500	3,000
Secrétaire de la Surintendante [3].............	*1*	*1,000*	*1,200*
Institutrices........................	10	1,700	2,000
Suppléantes { de 1ʳᵉ classe.................	5	//	1,600
de 2ᵉ classe..............	7	1,300	1,500
de 3ᵉ classe...............	8	1,000	1,200
Stagiaires . { 20 à l'instruction.............			
6 à la musique..............	30	120	240
4 au dessin.................			
Maîtresses de dessin. { de 1ʳᵉ classe................	1	1,700	2,000
de 2ᵉ classe.................	2	1,300	1,600
de 3ᵉ classe.................	4	1,000	1,200
Maîtresses de musique { de 1ʳᵉ classe................	1	1,700	2,000
de 2ᵉ classe.................	6	1,300	1,600
de 3ᵉ classe.................	6	1,000	1,200

[1] Il s'est formé une *Association des Anciennes Élèves des Maisons d'éducation de la Légion-d'Honneur.*
Cette association, reconnue d'utilité publique par un décret du 20 juillet 1895, a pour but de soutenir celles des anciennes élèves que les difficultés de la vie ont pu atteindre en leur procurant du travail ou en les assistant par de l'argent.

[2] Par suite de modifications apportées dans la composition du personnel (créations ou suppressions d'emplois, augmentations de traitement, etc.) les indications données dans les tableaux A, B et C, tant pour le nombre des parties prenantes que pour le montant des traitements ne concordent plus rigoureusement avec les chiffres budgétaires actuels.

[3] Emploi supprimé.

	NOMBRE des PARTIES pre-nantes.	TRAITEMENT de DÉBUT.	MAXIMUM.
Économe	1	2,000	2,500
Adjointe à l'économat	1	1,200	1,500
Directrice de la lingerie	1	1,500	2,000
Directrice de l'infirmerie	1	2,000	2,400
Adjointe à l'infirmerie	1	1,200	1,500
Auxiliaire aux services administratifs	1	120	240
Directeur de la musique	1	//	2,700
Sous-directeur de la musique	1	//	//
Professeurs de l'enseignement supérieur du piano.	2	//	//
Professeur d'accompagnement	1	//	2,400
Directeur du dessin	1	//	2,400
Professeurs — d'anglais	1	//	1,500
d'allemand	1	//	1,500
de mathématiques	1	//	2,000
de littérature	1	//	1,600
d'histoire	1	//	1,600
de physique	1	//	1,600
de sciences naturelles	1	//	1,600
de chimie	1	//	1,600
Maîtresse de dansé et maintien [1]	*1*	//	*1,500*
Maîtresse de gymnastique [2]	1	//	2,000

[1] Emploi supprimé.
[2] Depuis 1890 on a créé à Saint-Denis un emploi de maîtresse de coupe et deux emplois de professeurs de grammaire historique et de psychologie.
L'emploi de maîtresse de coupe a été créé par décret du 8 juin 1897 (voir page 55).

B. — Le personnel de la maison d'Écouen est composé ainsi qu'il suit :

	NOMBRE des PARTIES pre-nantes.	TRAITEMENT de DÉBUT.	MAXIMUM.
Intendante	1	//	5,000
Directrice des études	1	2,500	3,000
Surveillante générale	1	2,200	2,500
Institutrices	5	1,700	2,000
Suppléantes de 1re classe	2	//	1,600
de 2e classe	5	1,300	1,500
de 3e classe	3	1,000	1,200
Maîtresses de musique. de 2e classe	2	1,300	1,500
de 3e classe	2	1,000	1,200
Directeur du dessin	1	//	1,000
Maîtresses de dessin. de 2e classe	1	1,300	1,500
de 3e classe	2	1,000	1,200

	NOMBRE des PARTIES pre-nantes.	TRAITEMENT	
		de DÉBUT.	MAXIMUM.
Maîtresses. { d'anglais	1	"	1,500
d'allemand [1]	1	"	1,500
Professeur de tenue de livres	1	"	1,500
Économe	1	1,500	1,800
Directrices. { de la lingerie	1	1,300	1,500
de l'infirmerie	1	1,500	1,800
Maîtresse de danse et maintien [1]	1	"	1,000
Maîtresse de gymnastique [2]	1	"	1,000

[1] Emploi supprimé.
[2] Depuis 1890 deux emplois de maîtresse de coupe et d'adjointe à l'économat ont été créés à Écouen.

C. — Le personnel de la maison des Loges est composé ainsi qu'il suit :

	NOMBRE des PARTIES pre-nantes.	TRAITEMENT	
		de DÉBUT.	MAXIMUM.
Intendante	1	"	5,000
Directrice des études	1	2,500	3,000
Surveillante générale, Directrice des ateliers	1	2,200	2,500
Institutrices	3	1,700	2,000
Suppléantes { de 1re classe	3	"	1,600
de 2e classe	4	1,300	1,500
de 3e classe	4	1,000	1,200
Directeur du dessin	1	"	1,000
Maîtresses de dessin. { de 2e classe	1	1,300	1,500
de 3e classe	1	1,000	1,200
Maîtresses de musique. { de 2e classe	1	1,300	1,500
de 3e classe	1	1,000	1,200
Maîtresse d'anglais	1	1,000	1,200
Économe	1	1,500	1,800
Directrices. { de la lingerie	1	1,300	1,500
de l'infirmerie	1	1,500	1,800
Maîtresses de travaux professionnels	2	1,200	1,500
Auxiliaires de travaux professionnels	2	120	240
Maîtresse de danse et maintien [1]	1	"	1,000
Maîtresse de gymnastique [2]	1	"	1,000

[1] Emploi supprimé.
[2] Créations d'emplois aux Loges depuis 1890 : une institutrice, un professeur de dessin lithographique et une adjointe à l'économat.

Art. 18. La Surintendante des maisons d'éducation de la Légion d'Honneur est nommée par le Président de la République, sur la proposition du Grand Chancelier.

Les Intendantes des succursales, le personnel enseignant et administratif sont nommés par le Grand Chancelier.

Les Directrices des études, les Institutrices et les Suppléantes de 1re, 2e et 3e classes devront être pourvues du brevet de capacité du 1er ordre de l'enseignement primaire, ou du certificat d'aptitude à l'enseignement secondaire.

Art. 19. Le service religieux est assuré par des ministres des différents cultes.

Art. 20. Un Inspecteur de l'Université délégué par le Ministre de l'Instruction publique et agréé par le Grand Chancelier inspectera, par son ordre, à des époques indéterminées, au point de vue de l'enseignement, les maisons d'éducation de la Légion d'Honneur.

Il adressera son rapport au Grand Chancelier.

Art. 21. Les maisons d'éducation de la Légion d'Honneur sont administrées par des Conseils composés de la manière suivante :

Pour la maison de Saint-Denis :

La Surintendante, *présidente*. ayant voix prépondérante ;
La Directrice des études ;
La Surveillante générale ;
L'Économe.

Pour chaque succursale :

L'Intendante, *présidente*, ayant voix prépondérante ;
La Directrice des études ;
La Surveillante générale ;
L'Économe.

Le Chef du service des maisons d'éducation à la Grande Chancellerie pourra, dans certains cas, faire partie de ces conseils, sur l'ordre du Grand Chancelier.

Art. 22. Lorsqu'il s'agira de question d'intérêt général, l'Intendante et la Directrice des études de chaque succursale seront adjointes au Conseil d'administration de la maison de Saint-Denis, pour former le Conseil général des maisons d'éducation de la Légion d'honneur.

L'Administration centrale de la Grande Chancellerie est représentée, à ce Conseil, par le Chef du service des maisons d'éducation.

Le Conseil général des maisons d'éducation de la Légion d'honneur ne pourra se constituer que sur l'ordre du Grand Chancelier ;

4

il se réunira au Palais de la Légion d'honneur, *sous la présidence du Secrétaire général* [1].

ART. 23. Les nominations aux divers emplois dans le personnel enseignant ou administratif des maisons d'éducation de la Légion d'honneur sont faites au choix sur la présentation des Conseils d'administration de chaque établissement. Un règlement ultérieur déterminera le mode dans lequel cette présentation aura lieu.

ART. 24. Tous les ans, on choisira parmi les élèves des maisons d'éducation de la Légion d'honneur qui donneront des garanties suffisantes par leur caractère et leur conduite, et qui demanderont à être employées dans le personnel enseignant des maisons d'éducation de la Légion d'honneur, un nombre de sujets suffisant pour compléter le cadre des stagiaires candidats aux emplois d'enseignement dans les trois établissements.

Les stagiaires candidats aux emplois d'instruction devront être pourvues du brevet du 1er ordre de l'enseignement primaire, ou du brevet d'enseignement secondaire.

Les stagiaires candidats aux emplois d'enseignement artistique (musique ou dessin) devront être pourvues du brevet du 2e ordre de l'enseignement primaire.

Le nombre des stagiaires est déterminé, chaque année, par le Grand Chancelier, suivant les besoins du service. Il ne peut, dans aucun cas, dépasser le chiffre de trente, savoir :

Stagiaires
- pour l'instruction........................... 20
- pour la musique............................ 6
- pour le dessin............................. 4

Les stagiaires pourront être utilisées dans les classes.

ART. 25. Les dames et les élèves des trois maisons portent, dans l'intérieur de l'établissement, un même costume uniforme.

Les classes sont distinguées comme suit, par les couleurs des ceintures :

Dans les trois maisons.
- Classe supérieure de Saint-Denis..... multicolore.
- 1re classe...................... blanche.
- 2e classe...................... nacarat.
- 3e classe...................... bleue.
- 4e classe...................... aurore.
- 5e classe...................... violette.
- 6e classe...................... verte.
- 7e classe .... *jaune* [3].

---

[1] La fonction de Secrétaire général a été supprimée par l'article 22 de la loi de finances du 31 décembre 1907 (V. page 60).

[2] La 7e classe n'existe plus depuis 1892 par suite de la création d'un cours secondaire à Saint-Denis.

— 39 —

ART. 26. Pourront être autorisées à loger en dehors de l'établissement, si elles sont mariées :

Les Directrices des études,

Les Institutrices,

Les Maîtresses de dessin et de musique de 1re classe.

ART. 27. Une décoration spéciale dont le modèle a été déterminé par le décret du 30 juin 1881 est portée par les Dames de la Légion d'honneur [1], savoir :

1° *En écharpe*, suspendue au ruban de Grand-Croix de la Légion d'honneur :

La Surintendante des maisons d'éducation de la Légion d'honneur;

2° *En sautoir*, suspendue au ruban de Commandeur :

Les Intendantes des deux succursales,
La Directrice des études de la Maison de Saint-Denis,
La Surveillante générale du même établissement,
La Maîtresse de musique de 1re classe,
La Maîtresse de dessin de 1re classe;

3° *Croix d'or*, suspendue au ruban d'Officier, sur le côté gauche de la poitrine :

Les Directrices des études et les Surveillantes générales des deux succursales;

4° *Croix d'or*, suspendue au ruban de Chevalier :

Les Institutrices,
Les Économes,
Les Directrices de l'infirmerie et de la lingerie;

5° *Croix d'argent*, suspendue au ruban de Chevalier :

Les Suppléantes de 1re, 2e et 3e classes,
Les Maîtresses de dessin et de musique de 1re, 2e et 3e classes,
La Secrétaire de Mme la Surintendante [2],
Les Dames adjointes aux services administratifs,
Les Maîtresses de travaux professionnels aux Loges;

6° *Ruban de Chevalier*, sans décoration :

Les Stagiaires,
Les Auxiliaires.

---

[1] Croix à cinq branches émaillée de blanc avec des rayons polis dans les entre-deux et surmontée de palmes académiques. Au centre de la croix un médaillon rond émaillé bleu portant en lettres d'or les mots : «*Légion d'honneur*» et en exergue : «*Maison d'éducation*», au revers le médaillon également émaillé bleu avec l'inscription «*Honneur et patrie*» en lettres d'or.

[2] Emploi supprimé.

4.

A moins d'une autorisation expresse du Grand Chancelier, ces décorations ne pourront être portées que dans l'intérieur des maisons d'éducation de la Légion d'honneur.

TITRE IV.

DU RÉGIME INTÉRIEUR.

Art. 28. La Surintendante et les Intendantes des succursales ne peuvent s'absenter sans l'autorisation du Grand Chancelier, excepté dans les cas urgents dont il sera rendu compte immédiatement.

Les permissions de sortie seront données aux Dames par la Surintendante et par les Intendantes; il en sera tenu compte sur le rapport journalier.

En dehors des grandes vacances, des vacances de Pâques et de la sortie du jour de l'an, les élèves ne peuvent sortir des maisons d'éducation de la Légion d'honneur que pour cause de santé, ou pour de graves raisons de famille. La permission de sortie sera donnée par le Grand Chancelier.

Art. 29. Le parloir est ouvert, le dimanche et le jeudi, aux heures déterminées par le règlement.

On n'y est admis qu'avec une autorisation du Grand Chancelier.

Il y a un parloir séparé pour les Dames.

Art. 30. Des Dames, en nombre suffisant pour assurer la surveillance et le bon ordre, partagent les repas des élèves au réfectoire.

Une Dame couche dans chaque dortoir.

Le Grand Chancelier décidera quelles sont les Dames qui, en raison de leur âge ou de leurs fonctions, peuvent être exemptées de ces divers services.

Art. 31. La Surintendante de Saint-Denis inspectera les succursales deux fois par an, au point de vue de la discipline des Dames et des élèves et du régime intérieur de la maison.

A la suite de chaque inspection elle adressera un rapport détaillé au Grand Chancelier.

Art. 32. A la fin de chaque année scolaire, une distribution de prix aura lieu publiquement dans chacune des trois maisons.

Les palmarès de ces distributions seront imprimés.

Art. 33. Le 14 juillet, chaque établissement célébrera la Fête nationale.

Art. 34. Des dispositions transitoires, quant à la durée des études, pourront être appliquées aux élèves qui sont en cours d'éducation.

Art. 35. Le Garde des Sceaux, Ministre de la Justice et des Cultes, et le Grand Chancelier de l'Ordre national de la Légion d'honneur sont chargés, chacun en ce qui le concerne, de l'exécution du présent décret.

Fait au Palais de l'Élysée, le 20 juin 1890.

CARNOT.

Par le Président de la République :

Le Garde des Sceaux,
Ministre de la Justice et des Cultes,
FALLIÈRES.

Vu pour l'exécution :

Le Grand Chancelier de la Légion d'honneur,
Général **FÉVRIER.**

LOI

relative aux nominations ou promotions à titre étranger
dans l'Ordre national de la Légion d'honneur.

Du 4 juillet 1890.

ARTICLE UNIQUE. Les nominations ou promotions faites à titre étranger dans l'Ordre national de la Légion d'honneur sont insérées au *Journal officiel* et au *Bulletin des lois,* lorsqu'elles concernent des étrangers résidant habituellement en France ou y exerçant une profession, un commerce ou une industrie quelconques.

Ces étrangers, pour lesdites nominations et promotions, seront soumis à toutes les conditions imposées aux citoyens français par les statuts de la Légion d'honneur, ainsi que par les lois, décrets et règlements qui en déterminent l'application [1].

---

[1] Un décret du 26 juin 1900 (art. 1er) détermine la nature des renseignements à fournir à l'appui des propositions en faveur des étrangers résidant en France (v. page 56. — Pour les indigènes de l'Algérie, v. décret du 16 avril 1902, page 58).

LOI

fixant le contingent annuel des décorations de la Légion d'honneur et des Médailles militaires à attribuer à la réserve de l'armée active, à l'armée territoriale et aux corps militaires des douanes et des chasseurs forestiers (personnel non soldé).

Du 11 août 1890.

ART. 1er. *A partir du 1er janvier 1891, le contingent annuel des décorations de la Légion d'honneur et des Médailles militaires à attribuer à la réserve de l'armée active, à l'armée territoriale et aux corps militaires des douanes et des chasseurs forestiers (personnel non soldé), est fixé ainsi qu'il suit :*

Vingt croix d'officier ;

Cinquante croix de chevalier ;

Vingt médailles militaires.

Ce nombre de croix et de médailles remplace celui fixé par la loi du 16 décembre 1886. Il est mis à la disposition du Département de la guerre, en plus de celui déterminé pour l'armée active, d'après la répartition faite semestriellement par la Grande Chancellerie de la Légion d'honneur, au prorata du nombre des extinctions, en exécution des lois des 25 juillet 1873 et 10 juin 1879.

Les extinctions provenant des décorations accordées en vertu de la présente loi ne profitent pas à l'armée active.

Les croix et médailles accordées par la présente loi ne seront accordées que pour des services exclusivement militaires et dans les conditions déterminées par les décrets des 16 mars et 29 février 1852 [1].

ART. 2. Les décorations de la Légion d'honneur décernées en temps de paix à d'autres militaires que ceux appartenant à l'armée active ne donnent pas droit au traitement prévu par le décret de 1852.

---

[1] Abrogé et remplacé par des lois ultérieures, en dernier lieu par la loi du 18 décembre 1905 (V. page 58).

DÉCRET

portant réglementation du port des Décorations et Médailles françaises et étrangères.

Du 10 mars 1891.

ART. 1er. Les décorations et médailles françaises et étrangères se portent sur le côté gauche de la poitrine, le ruban ou la rosette posés :

1° Sur l'uniforme militaire (tunique, dolman, veste, capote, habit ou redingote), à la hauteur de la deuxième rangée de boutons ;

2° Sur le costume officiel civil (frac, robe, soutane, etc.), à la hauteur du sein gauche ;

3° Sur l'habit ou la redingote de ville, à la première boutonnière.

ART. 2. La croix de la Légion d'honneur, la médaille militaire et tous les insignes à l'effigie de la République doivent présenter la face sur laquelle se trouve l'effigie.

ART. 3. Les décorations françaises sont placées les premières et dans l'ordre suivant, de droite à gauche, sur le côté gauche de la poitrine :

Légion d'honneur,

Médaille militaire, .

Médailles commémoratives,

Décorations universitaires,

Décoration du mérite agricole,

Médailles d'honneur.

ART. 4. Les décorations étrangères viennent à la suite, et à la gauche des décorations et médailles françaises.

ART. 5. Sur l'uniforme, en costume officiel, militaire ou civil, dans la petite tenue en armes, toutes les décorations et médailles françaises et étrangères doivent être portées avec leurs insignes réglementaires ; le port des rubans ou rosettes, seuls, à la boutonnière est formellement interdit.

ART. 6. Les personnes en tenue de ville sont seules autorisées à porter à la boutonnière des rubans ou des rosettes sans insigne, excepté s'il s'agit des décorations étrangères qui contiennent du rouge en quantité plus ou moins notable, et dont le port a été réglementé par les décisions présidentielles des 11 avril 1882, 8 juin 1885 et 10 juin 1887.

ART. 7. Le Garde des Sceaux, Ministre de la Justice et des Cultes, les différents ministres et le Grand Chancelier de la Légion d'honneur sont chargés, chacun en ce qui le concerne, de l'exécution du présent décret.

LOI

relative à l'augmentation du nombre de décorations accordées aux armées de terre et de mer.

Du 17 décembre 1892.

ART. 1er. La proportion des médailles militaires à accorder aux militaires et marins en activité de service, fixée par la loi du 10 juin 1879 aux quatre cinquièmes des extinctions survenues parmi les décorés de cette médaille, est élevée à la totalité desdites extinctions.

ART. 2. La proportion des croix de chevalier de la Légion d'honneur à accorder aux militaires et marins en activité de service, fixée par la loi du 10 juin 1879 aux trois quarts des extinctions parmi les titulaires de cette décoration, est élevée à la totalité desdites extinctions.

ART. 3. *Il ne sera fait que quatre nominations sur cinq extinctions dans les grades d'officier, de commandeur et de grand officier de la Légion d'honneur,* jusqu'à ce qu'ils aient été ramenés aux chiffres fixés par le décret du 16 mars 1852.

ART. 4. Afin de parer à l'éventualité de contingents exceptionnels de décorations qui pourront être nécessaires pour récompenser des faits de guerre et à la suite d'expéditions lointaines, il sera réservé pendant chacun des deux semestres qui s'écouleront à partir du 1er janvier ou du 1er juillet qui suivra la promulgation de la présente loi, un vingt-quatrième des médailles militaires et des croix de chevalier et un douzième des croix des grades d'officier, de commandeur et de grand-officier attribuables aux militaires et marins en activité de service. Cette réserve devra toujours être maintenue aux chiffres des

croix et médailles mises de côté pendant ces deux premiers semestres [1].

ART. 5. *Deux croix de commandeur de la Légion d'honneur seront
mises chaque année à la disposition du Ministre de la guerre pour être
attribuées à l'armée territoriale (personnel non soldé) et à la réserve de
l'armée active, dans les conditions déterminées par la loi du 11 août
1890* [2].

ART. 6. Les lois des 25 janvier 1875 et 10 juin 1879, ainsi que
toutes les dispositions contraires à la présente loi, sont abrogées.

DÉCRET

fixant le prix des insignes des différents grades de la Légion d'honneur.

Du 29 décembre 1892.

ART. 1er. Les membres de la Légion d'honneur, promus ou nommés dans l'Ordre à partir de la date du présent décret, auront à
verser, pour prix de leurs décorations, les sommes suivantes :

Croix de chevalier..................................	12f 00c
Croix d'officier...................................	67 50
Croix de commandeur	149 00
Plaque de grand-officier..........................	58 00
Grand-croix (sans plaque).........................	240 00

ART. 2. Le Garde des sceaux, Ministre de la Justice, et le Grand
Chancelier de la Légion d'honneur sont chargés, chacun en ce qui le
concerne, de l'exécution du présent décret.

DÉCISION PRÉSIDENTIELLE

*réglant l'emploi, par les Ministères de la Guerre et de la Marine,
de la réserve créée par l'article 4 de la loi du 17 décembre 1892* [3].

Paris, le 26 septembre 1893.

MONSIEUR LE PRÉSIDENT,

L'article 4 de la loi du 17 décembre 1892, relative à l'augmenta-

---

[1] Complété par l'article 1er de la loi du 10 avril 1897 (V. p. 54). — Voir
également la décision présidentielle ci-dessous du 26 septembre 1893 réglant
l'emploi par les Ministres de la Guerre et de la Marine de la réserve de décorations avec traitement ainsi constituée.

[2] Abrogé par des lois ultérieures, en dernier lieu par la loi du 18 décembre
1905 (V. page 58).

[3] Voir page 4i.

tion du nombre des décorations accordées aux armées de terre et de mer, dispose :

« Pour les faits de guerre et pour les expéditions lointaines, il sera « réservé, pendant chacun des deux semestres qui s'écouleront à par- « tir du 1er janvier ou du 1er juillet qui suivra la promulgation de la « présente loi, un vingt-quatrième des médailles militaires et des croix « de chevalier, et un douzième des croix des grades d'officier, de « commandeur et de grand-officier, attribuables aux militaires et « marins en activité de service. Cette réserve devra toujours être main- « tenue aux chiffres des croix et médailles mises de côté pendant ces « deux premiers semestres. »

La réserve dont il s'agit ayant été constituée par la Grande Chan- cellerie de la Légion d'honneur, il y a lieu de régler la question de son emploi par les deux Ministères intéressés (Guerre et Marine) [2].

En raison de l'impossibilité de prévoir les expéditions futures et la proportion dans laquelle y prendront part les troupes de la Guerre et de la Marine, il nous semble préférable de considérer ce contingent de décorations comme un fonds commun, dans lequel puiseraient les deux Départements ministériels.

Chacun de ces deux Départements prélèverait sur ce fonds commun ce dont il aurait besoin, au fur et à mesure qu'il aurait des militaires à récompenser pour faits de guerre, et, si ce fonds était, à un mo- ment donné, épuisé, chaque Ministère (Guerre et Marine) emprun- terait, s'il le jugeait nécessaire, à son contingent ordinaire un certain nombre de décorations, qui seraient restituées, au semestre suivant, à ce contingent par la réserve spéciale des décorations prévue à l'ar- ticle 4 de la loi du 17 décembre 1892.

D'accord avec le Conseil des Ministres, nous avons l'honneur de vous proposer de décider que ces mesures recevront, dès maintenant, leur application.

Nous vous prions d'agréer, Monsieur le Président, l'hommage de notre respecteux dévouement.

Le Ministre de la marine,   *Le Ministre de la guerre,*
RIEUNIER.   Gal LOIZILLON.

Approuvé :

Le Président de la République française,
CARNOT.

---

[2] L'effectif normal de cette réserve est de : 1 grand-officier, 5 commandeurs, 18 officiers, 50 chevaliers et 87 médailles militaires.

EXTRAIT

de la loi portant fixation du Budget général des dépenses et des recettes de l'exercice 1895, en ce qui concerne les nominations dans la Légion d'honneur pour services exceptionnels.

Du 16 avril 1895.

. . . .

TITRE II.

BUDGETS ANNEXES RATTACHÉS POUR ORDRE AU BUDGET GÉNÉRAL.

. . . .

ART. 34. Toute nomination dans la Légion d'honneur pour services exceptionnels ne pourra être accordée qu'après avis du Conseil de l'Ordre.

Le décret devra mentionner cet avis et préciser explicitement le détail de ces services.

. . . .

DÉCRET

portant réorganisation de l'Administration centrale de la Grande Chancellerie de la Légion d'honneur.

Du 3 juillet 1896.

TITRE 1er.

ORGANISATION GÉNÉRALE.

ART. 1er. — L'Administration centrale de la Grande Chancellerie de la Légion d'honneur comprend, outre le bureau du secrétariat général, trois autres bureaux.

ART. 2. Les attributions des bureaux, ainsi que le nombre des chefs et sous-chefs de bureau sont fixés conformément au tableau ci-après :

DÉSIGNATION.	CHEFS DE BUREAU.	SOUS-CHEFS de BUREAU.
Bureau du secrétariat général .... Enregistrement des dépêches. — Propositions dans la Légion d'honneur et la Médaille militaire par la Grande Chancellerie. — Personnel de l'Administration centrale. — Conseil de l'ordre. — Service intérieur. — Budget de la Légion d'honneur.	1	1
1er bureau..................... Personnel et traitement des membres de l'Ordre et des décorés de la Médaille militaire. — Odres étrangers.	1	1
2e bureau..................... Maisons d'éducation de la Légion d'honneur : personnel et administration de ces Maisons. — Secours aux membres de l'Ordre, à leurs veuves et à leurs orphelins. — Archives.	1	1
3e bureau..................... Centralisation de toutes les opérations de recette et de dépenses effectuées sur le budget de la Légion d'honneur. — Compte courant avec le Trésor. — Compte de gestion. — Compte définitif.	1 (Agent comptable.)	1
Totaux	4 (1)	4

(1) L'article 22 de la loi de finances du 31 décembre 1907 qui a supprimé la fonction de Secrétaire général de la Grande Chancellerie, a supprimé en même temps un des emplois de chef de bureau et autorisé le remplacement de ces deux fonctionnaires par un chef de division (V. page 60).

Art. 3. Le nombre total des rédacteurs ne peut dépasser quatorze, sur lesquels six rédacteurs principaux au maximum.

Le nombre des commis expéditionnaires est de dix.

Indépendamment du gardien chef, le nombre des huissiers, concierges, gardiens de bureau et hommes de peine est fixé à treize au maximum.

La répartition de ce personnel dans les bureaux est faite par le Grand Chancelier, sur la proposition *du Secrétaire général*.

Art. 4. Les traitéments du personnel de l'Administration centrale de la Grande Chancellerie sont fixés ainsi qu'il suit :

4 chefs de bureau [1] :

De 1re classe (1 au maximum), à........................ 9,000f
De 2e classe, à................................... 8,000
De 3e classe (1 au minimum), à....... 7,000

4 sous-chefs de bureau :

De 1re classe (2 au maximum), à...................... 6,000
De 2e classe, à................................... 5,500

Rédacteurs principaux :

De 1re classe, à................................. 5,000
De 2e classe, à................................. 4,500

Rédacteurs et commis expéditionnaires :

De 1re classe, à.............. 4,000
De 2e classe, à................................. 3,400
De 3e classe, à................................. 2,800
De 4e classe, à................................. 2,300
De 5e classe, à................................. 1,800
Gardien chef, huissiers, conciérges, gardiens de bureau et
hommes de peine...... .... de 1,200 à 2,000

Les chefs et sous-chefs de bureau de 1re classe ayant vingt-cinq ans de services peuvent, cinq ans après leur promotion à cette classe, obtenir une augmentation de traitement qui peut être portée à 1,000 francs.

Les rédacteurs principaux, rédacteurs et commis expéditionnaires de 1re classe, trois ans après leur promotion à cette classe, peuvent obtenir, au bout de vingt ans de services, une augmentation de traitement qui peut être portée jusqu'à 500 francs.

Art. 5. Les avancements en classe ne peuvent avoir lieu que dans les limites du crédit porté au budget, au chapitre du personnel de l'Administration centrale de la Grande Chancellerie de la Légion d'honneur.

Art. 5. Nul fonctionnaire ou employé de l'Administration centrale ne peut être rétribué, an tout ou en partie, que sur les crédits portes au budget, au chapitre du personnel de l'Administration centrale.

Art. 7. Il est institué un Conseil d'administration composé *du Secrétaire général, président, des quatre chefs de bureau* [1] et d'un sous-chef de bureau désigné par le Grand Chancelier et qui remplira les fonctions de secrétaire, avec voix consultative.

---

[1] Voir page 48, renvoi 1.

Ce Conseil délibère sur les affaires qui lui sont déférées par le présent règlement ou soumises par le Grand Chancelier.

TITRE II.

RECRUTEMENT, AVANCEMENT ET DISCIPLINE DU PERSONNEL DE L'ADMINISTRATION CENTRALE.

Art. 8. Les employés de l'Administration centrale sont nommés par arrêté du Grand Chancelier dans les conditions prévues ci-après :

Art. 9. Les rédacteurs sont recrutés au choix :

1° Parmi les personnes qui justifient d'un diplôme de licencié. Les aspirants doivent être Français, âgés de trente ans au plus [1] ;

2° Parmi les anciens officiers des armées de terre et de mer ;

3° Parmi les commis expéditionnaires comptant au moins cinq ans de services, qui ont subi avec succès l'examen dont le programme est arrêté par le Grand Chancelier.

Les anciens officiers et les commis admis à subir l'examen doivent être âgés de trente-cinq ans au plus.

Sous réserve des droits attribués par la loi du 18 mars 1889 aux anciens sous-officiers, les commis expéditionnaires se recrutent parmi les anciens militaires gradés remplissant les conditions prescrites par l'article 84 de la loi du 15 juillet 1889 et par l'article 5 du décret du 28 janvier 1892 [2].

Après une année de service, le chef du bureau auquel sont attachés les nouveaux employés présente *au Secrétaire général* un rapport détaillé sur leurs aptitudes et leur manière de servir; si ce rapport ne leur est pas favorable, le Grand Chancelier peut les congédier.

Art. 10. Toute nomination à un emploi se fait à la dernière classe de cet emploi.

Toutefois, les commis expéditionnaires nommés rédacteurs entrent dans la classe correspondant à celle qu'ils occupaient comme expéditionnaires. Les anciens sous-lieutenants et lieutenants, les anciens aspirants de 1re classe et enseignes admis comme rédacteurs peuvent

---

[1] Et avoir satisfait à la loi sur le recrutement de l'armée (Loi du 21 mars 1905, article 7).

[2] Modifié par la loi du 21 mars 1905 sur le recrutement de l'armée, Titre IV, Chapitre IV.

débuter par la 4° classe, et les anciens capitaines de l'armée de terre et lieutenants de vaisseau par la 3°.

Art. 11. L'avancement dans le personnel de l'Administration centrale a lieu au choix.

Nul ne peut être promu à une classe supérieure avant deux ans au moins de service dans la classe immédiatement inférieure. Le délai peut être réduit à un an pour le passage des rédacteurs et des commis expéditionnaires de la 5° à la 4° classe.

Le choix pour l'emploi de chef de bureau ne peut porter que sur les sous-chefs comptant au moins quatre ans de grade, quelle que soit d'ailleurs la classe à laquelle ils appartiennent. *Pour les commis principaux en fonctions au moment de la promulgation du présent décret, le temps passé dans ce grade est compté comme temps passé dans l'emploi de sous-chef.*

Le choix, pour l'emploi de sous-chef de bureau, ne peut s'exercer que sur les rédacteurs principaux promus à ce grade depuis quatre ans au moins, et, pour l'emploi de rédacteur principal, que sur les rédacteurs des deux premières classes promus depuis au moins trois ans à la deuxième classe.

Le gardien-chef et les huissiers, gardiens de bureau et gens de service avancent, jusqu'à ce qu'ils aient atteint le traitement maximum de leur emploi, par des augmentations successives de 100 francs dans les conditions prévues par le règlement intérieur de la Grande Chancellerie.

Art. 12. Les mesures de discipline applicables aux fonctionnaires, employés ou agents de l'Administration centrale sont :

La réprimande ;

La retenue du traitement n'excédant pas la moitié du traitement ni la durée de deux mois ;

La rétrogradation ;

La révocation.

Ces peines sont prononcées par le Grand Chancelier, après avis du Conseil d'administration, l'agent entendu dans ses moyens de défense ou dûment appelé.

TITRE III.

DISPOSITIONS GÉNÉRALES ET DISPOSITION TRANSITOIRE.

Art. 14. Avec l'assentiment du Grand Chancelier, des permutations peuvent s'effectuer entre les employés de l'Administration centrale de la Grande Chancellerie et ceux des Administrations centrales des Ministères.

Le permutant ne peut entrer à la Grande Chancellerie dans un emploi supérieur à celui de l'employé avec lequel il permute; il prend rang, dans son emploi et dans sa classe, du jour de sa permutation.

ART. 14. *Les commis appelés au service militaire sont remplacés dans l'effectif si leur absence doit dépasser la limite d'une année.*

Dans le cas contraire, le Grand Chancelier leur accorde un congé d'un an sans solde. Ce laps de temps passé sous les drapeaux est compris dans le temps de service exigé pour l'avancement de classe.

Le Grand Chancelier, après avis du Conseil d'administration, peut refuser la réadmission dans l'Administration centrale aux employés dont la feuille de punitions militaires constaterait des faits graves [1].

ART. 15. Les commis ordinaires en fonctions au moment de la promulgation du présent règlement pourront parvenir au grade de rédacteur principal dans les conditions de délai ci-dessus prescrites, mais sans être tenus de justifier des titres exigés pour l'emploi de rédacteur,

Jusqu'à ce que le nombre des commis expéditionnaires ait atteint le chiffre de dix établi par le présent décret, il sera fait, au fur et à mesure des vacances, alternativement une nomination de rédacteur et une de commis expéditionnaire, la première étant réservée à l'emploi de rédacteur.

ART. 16. Le décret du 11 avril 1891 est abrogé.

ART. 17. Le Garde des Sceaux, Ministre de la Justice, et le Grand Chancelier de l'Ordre national de la Légion d'honneur, sont chargés, chacun en ce qui le concerne, de l'exécution du présent décret, pui sera publié au *Journal officiel* et inséré au *Bulletin des lois*.

LOI

sur les Récompenses nationales.

Du 28 Janvier 1897.

ART. 1er. Le nombre des croix de tout grade dans la Légion

---

[1] Article aujourd'hui sans objet par suite des prescriptions de l'article 7 de la loi du 21 mars 1905 sur le recrutement de l'armée.

d'honneur attribuées sans traitement ne pourra dépasser les chiffres suivants :

> 20 grand-croix;
> 50 grands-officiers;.
> 250 commandeurs;
> 2,000 officiers;
> 12,000 chevaliers.

Art. 2. Il sera réservé sur ce nombre:

> 2 grand-croix; .
> 5 croix de grand-officier;
> 20 croix de commandeur;
> 375 croix d'officier;
> 1,500 croix de chevalier.

Les croix ainsi réservées seront destinées :

1.° *A pourvoir à l'exécution des lois attribuant des décorations sans traitement à la réserve des armées de terre et de mer, à l'armée territoriale et aux corps militaires des douaniers et chasseurs forestiers* [1];

2° A être attribuées à l'ordre civil dans des circonstances exceptionnelles, qui seront déterminées chaque fois par des lois spéciales. A chaque occasion, la loi devra également déterminer le nombre des croix qui seront prélevées sur la réserve.

Art. 3. A l'avenir, la proportion des croix de tout grade à attribuer, tant dans l'ordre civil que dans l'ordre militaire, est élevée à la totalité des extinctions, sous réserve des dispositions prévues à l'article 1er de la présente loi [2].

Cette disposition recevra son application pour le premier semestre 1897 sur les extinctions notifiées au cours du deuxième semestre 1896.

Art. 4. Les extinctions qui se produiront parmi les titulaires de croix attribuées sur la réserve devront profiter exclusivement à ladite réserve [3].

Art. 5. Sur la réserve prévue à l'article 2, il est mis annuellement à la disposition du Ministre de l'Intérieur cinq croix de che-

---

[1] Disposition abrogée par les lois des 18 décembre 1905 (Réserve de l'armée de terre) et 25 avril 1906 (Réserve de l'armée de mer). [V. pages 58 et 59.]
[2] Il résulte de cette disposition — en ce qui concerne les croix militaires — que le nombre de ces croix s'est trouvé fixé indirectement au total des titulaires existants et des croix disponibles au 28 janvier 1897.
[3] Complété par l'article 2 de la loi du 10 avril 1897 (p. 57).

valier qui seront exclusivement destinées aux sapeurs-pompiers com·
munaux [1].

LOI

modifiant l'article 4 de la loi du 17 décembre 1892 et complétant
les dispositions de l'article 4 de la loi du 28 janvier 1897.

Du 10 Avril 1897.

ART. 1er. L'article 4 de la loi du 17 décembre 1892 [2] est modifié
insi qu'il suit :

« Afin de parer à l'éventualité de contingents exceptionnels de décorations qui pourront être nécessaires pour récompenser des faits de
guerre et à la suite d'expéditions lointaines, il sera réservé, pendant
chacun des deux semestres qui s'écouleront à partir du 1er janvier
ou du 1er juillet qui suivra la promulgation de la présente loi, un
vingt-quatrième des médailles militaires et des croix de chevalier et
un douzième des croix des grades d'officier, de commandeur et de
grand officier attribuables aux militaires et marins en activité de
service.

« Sur cette réserve peuvent être imputées les décorations avec
traitement conférées sur la proposition du Ministre des Colonies, et
avec l'autorisation des Ministres de la Guerre et de la Marine, à des
officiers et soldats des armées de terre et de mer en activité de service
pour avoir pris part à des explorations hors d'Europe.

« Toutefois, ces imputations doivent être, à chaque occasion, autorisées par une loi spéciale qui déterminera le nombre maximum des
décorations à conférer. »

ART. 2. Toutes les extinctions qui se produiront au titre des
décorations sans traitement précédemment accordées dans l'Ordre national de la Légion d'honneur, en dehors des dispositions restrictives

---

[1]. Les Ministères des Affaires étrangères, du Commerce et de l'Instruction
publique ont été également pourvus de contingents complémentaires annuels et
fixes prélevés sur la Réserve de croix sans traitement. savoir :

Ministère de l'Instruction publique (loi du 27 décembre 1899) : 2 officiers ; 10 chevaliers.
 —   du Commerce (loi du 18 avril 1900) :   2   —   10   —
 —   des Affaires étrangères (loi du 13 mars 1901) :   2   —   10   —

Le contingent complémentaire mis à la disposition du Ministre des Affaires
étrangères est spécialement réservé aux Français résidant à l'étranger. (l. du
13 mars 1901).

[2] Voir la loi du 17 décembre 1892, page 44.

de la loi du 25 juillet 1873, par des lois spéciales à l'occasion d'expositions, de centenaires ou d'autres circonstances exceptionnelles,
devront désormais profiter à la réserve créée par l'article 2 de la loi
du 28 janvier 1897.

Art. 3 . . . .
. . . .(1)

Art. 4 . . . .
. . . .(1)

DÉCRET

portant modification au Statut des Maisons d'éducation
de la Légion d'honneur en date du 20 juin 1890 [2].

Du 8 Juin 1897.

Art. 1er. Il est créé dans chacune des maisons de Saint-Denis et
d'Écouen un emploi de maîtresse de coupe.

Le traitement de ces maîtresses est de mille francs (1,000f) au minimum, de mille cinq cents francs (1,500f) au maximum.

Art. 2. Dans les maisons de Saint-Denis et d'Écouen, l'emploi de
maîtresse de danse et de maintien est supprimé.

La danse et le maintien seront enseignés par le professeur de gym-
nastique.

Art. 3. Dans la maison des Loges, le traitement de la Surveillante
générale, directrice des ateliers professionnels, est de deux mille
cinq cents francs (2,500f) au minimum, de trois mille francs
(3,000l) au maximum.

Art. 4. Les suppléantes peuvent être nommées à l'emploi de
surveillantes avec un traitement égal à celui prévu pour les institutrices, sans que le chiffre total des institutrices et surveillantes puisse
dépasser le nombre actuel des institutrices.

Art. 5. Les dispositions du présent décret auront leur effet au 1er
octobre 1897.

Art. 6. Le Garde des Sceaux, Ministre de la Justice et des Cultes,
et le Grand Chancelier de l'Ordre national de la Légion d'honneur
sont chargés, chacun en ce qui le concerne, de l'exécution du présent
décret.

---

(1) Les articles 3 et 4 autorisaient des prélèvements exceptionnels sur les réserves
de décorations avec et sans traitement, à l'occasion d'une mission d'études hydro-
graphiques du Niger et des expositions de Rouen (1896) et d'Atlanta (Géorgie).
(2) Voir p. 29.

DÉCRET

relatif aux Renseignements à annexer aux projets de décret portant nominations pour services exceptionnels dans la Légion d'honneur et dans les ordres coloniaux.

Du 26 Juin 1900.

ART. 1er. Les renseignements indiqués au tableau A ci-joint sont annexés à tout projet de décret tendant à nommer dans la Légion d'honneur :

1° Un candidat n'ayant pas la durée de services exigée par l'article 11 du décret du 16 mars 1852 ;

2° Un candidat proposé comme s'étant distingué dans les arts, les lettres, les sciences, l'agriculture, le commerce, l'industrie, ou ayant accompli un acte de dévouement et n'appartenant pas aux services publics ;

3° Les étrangers résidant habituellement en France.

ART. 2. Les renseignements indiqués au tableau B ci-joint sont annexés à tout projet de décret nommant ou portant promotion dans un ordre colonial par application du paragraphe 2 de l'article 1er du décret du 12 janvier 1897 [1].

ART. 3. En dehors des promotions du 1er janvier et du 14 juillet de chaque année, les projets de décrets relatifs aux nominations et promotions dans la Légion d'honneur ou les ordres coloniaux sont, à moins de circonstances absolument exceptionnelles, transmis au Conseil de l'Ordre avant le 25 de chaque mois pour être examinés par lui dans sa séance mensuelle.

ART. 4. Les dispositions prévues à l'article 1er, ci-dessus, en ce qui concerne les grades universitaires, la durée des services et les titres spéciaux considérés comme services exceptionnels, ne sont pas applicables aux propositions faites en exécution de la loi du 7 avril 1900 sur les récompenses à décerner à l'occasion de l'Exposition universelle.

ART. 5. Le Président du Conseil, Ministre de l'Intérieur et des Cultes, le Garde des Sceaux, Ministre de la Justice, et le Grand Chancelier de l'Ordre national de la Légion d'honneur sont chargés, chacun en ce qui le concerne, de l'exécution du présent décret, qui sera publié au *Journal officiel* de la République française et inséré au *Bulletin des lois.*

---

[1] Le tableau B concernant exclusivement les propositions pour les ordres coloniaux n'a pas été reproduit ici.

RÉPUBLIQUE FRANÇAISE.

MINISTÈRE D

Renseignements produits à l'appui du projet de décret tendant à nommer chevalier de la Légion d'honneur un candidat n'ayant pas le temps de services exigé par l'article 11 du décret du 16 mars 1852 (°).

(°) Pour le ministère des affaires étrangères, on ajoutera : « ou un étranger résidant habituellement en France, ou y exerçant une profession , un commerce ou une industrie quelconque.»

(1) Indiquer, s'il y a lieu, la date du décret de naturalisation.

(2) Supérieurs à celui de bachelier.

(3) Indiquer la date de nomination à chaque grade, emploi, fonctions, etc., ainsi que le temps passé dans chaque situation.

Noms et prénoms....................................

Date et lieu de naissance...........................

Domicile..

Nationalité (1)......................................

Situation...

Grades universitaires (2)............................

Services militaires (3)......⎱

Services civils (3).........⎱

Durée totale des services civils et militaires.............

Situations diverses (3) (fonctions électives, professions, etc.)..

Missions à l'étranger, dans les colonies (3), etc. ....⎱

Actes de sauvetage et de dévouement................⎱

Services rendus dans les établissements de bienfaisance, les⎱ commissions (3), etc. ....

Publications, titres littéraires, scientifiques, artistiques, etc.⎱

Distinctions honorifiques..........................⎱

Détails sur les services extraordinaires rendus par le candidat................................⎱

OBSERVATIONS :

Le ministre certifie en outre qu'il résulte de l'enquête que la moralité de M. permet son admission dans l'ordre de la Légion d'honneur.

Paris, le

Le Ministre d

DÉCRET

soumettant les indigènes de l'Algérie nommés ou promus dans l'Ordre national de la Légion d'honneur à toutes les conditions imposées aux citoyens français par les statuts de l'Ordre.

Du 16 avril 1902.

Art. 1er. Les nominations ou promotions d'indigènes de l'Algérie dans l'Ordre national de la Légion d'honneur sont insérées au *Journal officiel* et au *Bulletin des lois.*

Ces indigènes, pour lesdites nominations et promotions, seront soumis à toutes les conditions imposées aux citoyens français par les statuts de la Légion d'honneur, ainsi que par les lois, décrets et règlements qui en déterminent l'application.

Art. 2. Le Président du Conseil, Ministre de l'Intérieur et des Cultes, et le Grand Chancelier de la Légion d'honneur, sont chargés, chacun en ce qui le concerne, d'assurer l'exécution du présent décret.

LOI

relative aux Décorations de la Légion d'honneur et de la Médaille militaire destinées aux personnels de la réserve de l'armée active et de l'armée territoriale.

Du 18 décembre 1905.

Art. 1er. Le nombre des décorations à attribuer chaque année, en temps de paix, aux troupes ou services de la réserve de l'armée active et de l'armée territoriale, ainsi qu'au corps militaire des douanes et au corps des chasseurs forestiers, est fixé ainsi qu'il suit :

Légion d'honneur :

Croix de commandeur, 4.
Croix d'officier, 50.
Croix de chevalier, 250.
Médailles militaires, 200.

Art. 2. Indépendamment des règles ordinaires qui régissent les inscriptions aux tableaux de concours pour la Légion d'honneur ou la Médaille militaire, aucun officier ou sous-officier de la réserve ou de la territoriale ne pourra y être inscrit s'il ne compte au moins cinq ans de services dans l'une ou l'autre de ces deux armées.

Art. 3. Cette attribution est fixe et indépendante de la situation de la réserve prévue par l'article 2 de la loi du 28 janvier 1897 sur les récompenses nationales [1].

Art. 4. La loi du 3 juillet 1900 est abrogée [2].

LOI

relative aux Décorations sans traitement de la Légion d'honneur et de la Médaille militaire destinées aux personnels de la réserve de l'armée de mer.

Du 25 avril 1906.

Art. 1er. Le nombre des décorations à attribuer, en temps de paix, au personnel des différents corps militaires appartenant à la réserve de l'armée de mer, est fixé comme suit :

1° Tous les deux ans, 1 croix de commandeur;

2° Tous les ans, 4 croix d'officier, 12 croix de chevalier, 24 médailles militaires.

Art. 2. Cette attribution est fixe et indépendante de la situation de la réserve prévue à l'article 2 de la loi du 28 janvier 1897 sur les récompenses nationales.

Art. 3. Les croix et médailles accordées par la présente loi ne seront concédées que pour des services exclusivement militaires et dans les conditions déterminées par les décrets des 16 mars et 29 février 1852.

Ces décorations ne donnent pas droit à traitement.

Art. 4. La loi du 30 décembre 1896 est abrogée [3].

---

[1] Les décorations de la Légion d'honneur attribuées en temps de paix à d'autres militaires qu'à ceux de l'armée active ne donnent droit à aucun traitement. (Loi du 11 août 1890, article 2, voir page 42.)

[2] Loi établissant en faveur de la réserve de l'armée active et de l'armée territoriale un contingent de décorations sans traitement prélevé sur la réserve prévue par l'article 2 de la loi du 28 janvier 1897.

[3] Loi établissant en faveur de la réserve de l'armée de mer un contingent de décorations sans traitement prélevées sur la réserve prévue par l'article 2 de la loi du 28 janvier 1897.

EXTRAIT

de la loi portant fixation du Budget général des dépenses et des recettes de l'exercice 1908, en ce qui concerne la création d'un emploi de Chef de division à la Grande Chancellerie de la Légion d'honneur.

Du 31 décembre 1907.

. . . .

TITRE II.

BUDGETS ANNEXES RATTACHÉS POUR ORDRE AU BUDGET GÉNÉRAL.

. . . .

ART. 22. Est autorisée la création d'un emploi de chef de division à la Grande Chancellerie de la Légion d'honneur, en remplacement de l'emploi de secrétaire général et d'un emploi de chef de bureau qui sont supprimés [1].

. . . .

[1] Pour les attributions dévolues au Secrétaire général de la Grande Chancellerie, voir : décret du 16 mars 1852, Titre VII (pages 10 et 12); décret du 20 juin 1890 relatif aux Maisons d'éducation de la Légion d'honneur, article 22 (page 37), et décret du 3 juillet 1896, articles 3, 7 et 8 (pages 48, 49 et 50).

TABLE MÉTHODIQUE
DES TEXTES COMPOSANT LE RECUEIL.

DOCUMENTS ANNEXES.

DOCUMENTS ANNEXES.

I.

LOI
portant création d'une Légion d'honneur.

(Du 29 floréal an x-19 mai 1802.)

AU NOM DU PEUPLE FRANÇAIS, BONAPARTE, Premier Consul, PROCLAME loi de la République le décret suivant, rendu par le Corps législatif le 29 floréal an x, conformément à la proposition faite par le Gouvernement le 25 dudit mois, communiqué au Tribunat le 27 suivant.

DÉCRET.

TITRE PREMIER.

CRÉATION ET ORGANISATION DE LA LÉGION D'HONNEUR.

ART. 1er. En exécution de l'article 87 de la Constitution concernant les récompenses militaires, et pour récompenser aussi les services et les vertus civiles, il sera formé une Légion d'honneur.

ART. 2. Cette Légion sera composée d'un Grand Conseil d'administration et de quinze cohortes, donc chacune aura son chef-lieu particulier [1].

ART. 3. Il sera affecté à chaque cohorte des biens nationaux portant 200,000 francs de rente.

ART. 4. Le Grand Conseil d'administration sera composé de sept grands officiers, savoir : des trois Consuls et de quatre autres membres, dont un sera nommé entre les Sénateurs, par le Sénat; un

---

[1] L'organisation des cohortes ne fut que partiellement réalisée. Les résultats des expériences faites furent si peu favorables que dès l'année 1809 les cohortes cessèrent virtuellement d'exister; elles furent définitivement supprimées par une ordonnance du 19 juin 1814.

autre, entre les membres du Corps législatif, par le Corps législatif; un autre, entre les membres du Tribunat, par le Tribunat; et un enfin, entre les Conseillers d'État, par le Conseil d'État. Les membres du Grand Conseil d'administration conserveront, pendant leur vie, le titre de grand officier, lors même qu'ils seraient remplacés par l'effet de nouvelles élections.

Art. 5. Le Premier Consul est, de droit, chef de la Légion et président du Grand Conseil d'administration.

Art. 6. Chaque cohorte sera composée :
de sept grands officiers;
de vingt commandants;
de trente officiers; '
de trois cent cinquante légionnaires [1].
Les membres de la Légion sont à vie.

Art. 7. Il sera affecté à chaque grand officier, 5,000 francs.
A chaque commandant, 2,000 francs.
A chaque officier, 1,000 francs.
Et à chaque légionnaire, 250 francs.
Ces traitements sont pris sur les biens affectés à chaque cohorte.

Art. 8. Chaque individu admis dans la Légion, jurera, sur son honneur, de se dévouer au service de la République, à la conservation de son territoire dans son intégrité, à la défense de son Gouvernement, de ses lois, et des propriétés qu'elles ont consacrées; de combattre par tous les moyens que la justice, la raison et les lois autorisent, toute entreprise tendant à rétablir le régime féodal, à reproduire les titres et qualités qui en étaient l'attribut; enfin, de concourir de tout son pouvoir au maintien de la liberté et de l'égalité.

Art. 9. Il sera établi dans chaque chef-lieu de cohorte un hospice et des logements, pour recueillir soit les membres de la Légion que leur vieillesse, leurs infirmités ou leurs blessures auraient mis dans l'impossibilité de servir l'État, soit les militaires qui, après avoir été blessés dans la guerre de la liberté, se trouveraient dans le besoin.

[1] Une 16e cohorte ayant été créée par arrêté du 13 messidor an x, l'effectif de la Légion comprenait, à l'origine : 112 grands-officiers; 320 commandants (commandeurs actuels); 480 officiers et 5,600 simples légionnaires (chevaliers actuels). Ces chiffres furent promptement dépassés; un décret du 28 mai 1805 augmenta de 2,000 le nombre des chevaliers, et, à la fin de l'Empire (6 avril 1814), la Légion d'honneur comprenait 30,747 membres de tous grades, dont 29,884 militaires.

TITRE II.

COMPOSITION.

Art. 1er. Sont membres de la Légion tous les militaires qui ont reçu des armes d'honneur.

Pourront y être nommés les militaires qui ont rendu des services majeurs à l'État dans la guerre de la liberté.

Les citoyens qui, par leur savoir, leurs talents, leurs vertus, ont contribué à établir ou à défendre les principes de la République, ou fait aimer et respecter la justice ou l'administration publique.

Art. 2. Le Grand Conseil d'administration nommera les membres de la Légion [1].

Art. 3. Durant les dix années de paix qui pourront suivre la première formation, les places qui viendront à vaquer demeureront vacantes jusqu'à concurrence du dixième de la Légion, et, par la suite, jusqu'à concurrence du cinquième. Ces places ne seront remplies qu'à la fin de la première campagne.

Art. 4. En temps de guerre, il ne sera nommé aux places vacantes qu'à la fin de chaque campagne.

Art. 5. — En temps de guerre, les actions d'éclat feront titre pour tous les grades.

Art. 6. En temps de paix, il faudra avoir vingt-cinq années de service militaire pour pouvoir être nommé membre de la Légion ; les années de service, en temps de guerre, compteront double et chaque campagne de la guerre dernière comptera pour quatre années.

Art. 7. Les grands services rendus à l'État dans les fonctions législatives, la diplomatie, l'administration, la justice ou les sciences, seront aussi des titres d'admission, pourvu que la personne qui les aura rendus ait fait partie de la garde nationale du lieu de son domicile.

Art. 8. La première organisation faite, nul ne sera admis dans la Légion qu'il n'ait exercé pendant vingt-cinq ans ses fonctions avec la distinction requise.

Art. 9. La première organisation faite, nul ne pourra parvenir à un grade supérieur qu'après avoir passé par le plus simple grade,

---

[1] Cette disposition ne fut jamais appliquée ; dès l'origine, le Chef de l'État se réserva le droit de nommer les Membres de la Légion.

Art. 10. Les détails de l'organisation seront déterminés par des règlements d'administration publique : elle devra être faite au 1ᵉʳ vendémiaire an XII, et, passé ce temps, il ne pourra y être rien changé que par des lois [1].

Collationné à l'original, par nous président et secrétaires du Corps législatif.

A Paris, le 29 floréal an x de la République française.

> Signé : RABAUT le jeune, *président;* THIRY, TUPINIER, BERGIER, RIGAL, *secrétaires.*

Soit la présente loi, revêtue du Sceau de l'État, insérée au *Bulletin des lois,* inscrite dans les registres des autorités judiciaires et administratives, et le Ministre de la Justice chargé d'en surveiller la publication.

A Paris, le 9 prairial an x de la République.

> Signé : BONAPARTE.
>
> *Premier Consul.*

Vu :

Le Ministre de la Justice,

Signé : ABRIAL.

Contresigné :

Le Secrétaire d'État,

Signé : HUGUES-B. MARET.

et scellé du Sceau de l'État.

II.

ORDONNANCE ROYALE

concernant l'organisation, la composition et l'administration de la Légion d'honneur, sous le titre d'Ordre royal de la Légion d'honneur [2].

(Du 26 mars 1816.)

LOUIS, par la grâce de Dieu, ROI DE FRANCE ET DE NAVARRE,

. . . .

Considérant que les dispositions des lois, statuts et actes relatifs à la

---

[1] On remarquera que la loi du 29 floréal ne contient aucune disposition relative à la forme de la décoration qui devait être l'insigne distinctif des membres de la Légion. Cette lacune fut comblée par un décret impérial du 22 messidor an XII (11 juillet 1804). Un décret du 30 janvier 1805 créa la *Grande Décoration,* dont les titulaires furent successivement dénommés *grands-aigles, grands-cordons* et enfin *grands-croix.*

[2] Il a paru intéressant de donner ici, à titre documentaire, le texte intégral de cette ordonnance royale dont le décret-organique du 16 mars 1852 reproduit certaines dispositions essentielles.

Légion d'honneur, se trouvent éparses dans différentes ordonnances, et qu'il est important d'en former une seule qui, les renfermant toutes, devienne ainsi le Code de la Légion ;

. . . .

Nous avons ordonné et ordonnons : -

TITRE 1er.

ORGANISATION ET COMPOSITION DE LA LÉGION D'HONNEUR.

Art. 1er. La Légion d'honneur est instituée pour récompenser les services civils et militaires.

Art. 2. Le Roi est chef souverain et grand-maître de la Légion d'honneur.

Art. 3. La Légion prend le titre d'Ordre royal de la Légion d'honneur; les commandants, celui de commandeurs, et les grands-cordons, celui de grand'croix.

Art. 4. L'Ordre royal de la Légion d'honneur est composé de chevaliers, d'officiers, de commandeurs, de grands officiers et de grand'croix.

Art. 5. Les membres de la Légion sont à vie.

Art. 6. Le nombre des chevaliers est illimité.

Celui des officiers est fixé à deux mille.
Celui des commandeurs, à quatre cents.
Celui des grands officiers, à cent soixante.
Celui des grand'croix, à quatre-vingts.

Art. 7. Le nombre des grand'croix, grands officiers, commandeurs et officiers, dépassant celui fixé par l'article 6, ceux qui sont revêtus de ces grades les conservent; mais par les extinctions nous pourrons les réduire.

Art. 8. Les princes de la famille royale et de notre sang et les étrangers auxquels nous conférerons la grande décoration, ne sont point compris dans le nombre fixé par l'article 6.

Art. 9. Les étrangers sont admis et non reçus, et ne prêtent aucun serment.

TITRE II.

FORME DE LA DÉCORATION ET MANIÈRE DE LA PORTER.

Art. 10. La décoration de l'Ordre royal de la Légion d'honneur

6

consiste dans une étoile à cinq rayons doubles, surmontée de la couronne royale. Le centre de l'étoile, entouré d'une couronne de chêne et de laurier, présente, d'un côté, l'effigie d'Henri IV avec cet exergue, HENRI IV, Roi de France et de Navarre ; et de l'autre, trois fleurs-de-lis avec cet exergue, HONNEUR et PATRIE.

ART. 11. L'étoile émaillée de blanc est en argent pour les chevaliers et en or pour les grands'croix, les grands officiers, les commandeurs et les officiers.

ART. 12. Les chevaliers portent la décoration en argent à une des boutonnières de leur habit, attachée par un ruban moiré rouge sans rosette. Les officiers la portent en or à une des boutonnières de leur habit, attachée par un ruban moiré rouge avec une rosette.

Les commandeurs portent la décoration en sautoir, attachée à un ruban moiré rouge, un peu plus large que celui des officiers.

Les grands officiers portent, sur le côté droit de leur habit, une plaque semblable à celle des grand'croix, brodée en argent, mais du diamètre de 7 centimètres 2 millimètres. Cette plaque est substituée au large ruban qu'ils portent actuellement, et ils continuent en outre de porter la simple croix en or à la boutonnière gauche.

Les grand'croix portent un large ruban moiré rouge, passant de l'épaule droite au côté gauche, et au bas duquel est attachée une grande étoile en or ; ils portent en même temps une plaque brodée en argent, du diamètre de 10 centimètres 4 millimètres, attachée sur le côté gauche des habits et des manteaux, et au milieu de laquelle est l'effigie d'Henri IV, avec l'exergue HONNEUR et PATRIE.

Ils cessent, ainsi que les commandeurs, de porter la simple croix en or, lorsqu'ils sont décorés des marques distinctives de leurs grades : néanmoins, cette croix leur est permise, lorsqu'ils ne les portent pas extérieurement.

ART. 13. Les membres de l'Ordre royal de la Légion d'honneur portent toujours la décoration.

ART. 14. Les grand'croix, grands-officiers, commandeurs, officiers et chevaliers ne peuvent porter que les marques distinctives de leurs grades ; le Roi seul porte chacune d'elles à sa volonté. Tous nos sujets membres de l'Ordre royal de la Légion d'honneur sont toujours décorés selon leurs grades quand ils paraissent devant nous et devant les princes de la famille royale et de notre sang ; lorsque, dûment convoqués par les autorités, d'après les règlements sur les préséances, ils assistent, soit en notre présence, soit en notre absence, aux grandes audiences, aux grandes réceptions, aux cérémonies politiques, religieuses et civiles, aux revues, aux grandes parades, etc.

TITRE III.

ADMISSION ET AVANCEMENT DANS LA LÉGION.

Art. 15. En temps de paix, pour être admis dans la Légion d'honneur, il faut avoir exercé pendant vingt-cinq ans des fonctions civiles ou militaires avec la distinction requise.

Art. 16. Nul ne peut être admis dans la Légion qu'avec le premier grade de chevalier.

Art. 17. Pour être susceptible de monter à un grade supérieur, il est indispensable d'avoir passé dans le grade inférieur, savoir :

1° Pour le grade d'officier, quatre ans dans celui de chevalier ;

2° Pour le grade de commandeur, deux ans dans celui d'officier ;

3° Pour le grade de grand-officier, trois ans dans celui de commandeur ;

4° Enfin, pour le grade de grand'croix, cinq ans dans celui de grand-officier.

Art. 18. Chaque campagne est comptée double aux militaires dans l'évaluation des années exigées par les articles 15 et 16 ; mais on ne peut jamais compter qu'une campagne par année, sauf les cas d'exception qui doivent être déterminés par une ordonnance spéciale.

Art. 19. En temps de guerre, les actions d'éclat et les blessures graves peuvent dispenser des conditions exigées par les articles 15 et 16 pour l'admission ou l'avancement dans l'Ordre royal de la Légion d'honneur.

Art. 20. En temps de guerre comme en temps de paix, les services extraordinaires rendus à nous et à l'État dans les fonctions civiles ou militaires, les sciences et les arts peuvent également dispenser de ces conditions, mais sous la réserve expresse de ne franchir aucun grade.

Art. 21. Pour donner lieu aux dispenses mentionnées dans les articles précédents, les actions d'éclat, blessures et services extraordinaires doivent être dûment constatés, savoir :

1° Dans les régiments de toutes armes, par un certificat signé de

6.

tous les officiers du corps présents à l'affaire et visé par le chef du corps ou du détachement, par le chef d'état-major de la division et le chef d'état-major de l'armée ;

2° Pour les officiers de l'état-major général de l'artillerie et du génie, les ingénieurs-géographes, le corps des inspecteurs aux revues, celui des commissaires des guerres, les gardes de l'artillerie et du génie et les employés des administrations militaires, par un certificat signé de cinq militaires du même corps que le sujet proposé, parmi lesquels devront se trouver nécessairement ceux qui sont revêtus, dans la Légion, du grade sollicité pour lui : ce certificat sera signé, en outre, par le chef de l'état-major de la division, pour les officiers d'état-major ; par le chef de l'artillerie ou celui du génie, pour les militaires de ces deux armes ; par l'inspecteur en chef aux revues ou l'ordonnateur en chef, pour les personnes de leur administration, et visé par le chef de l'état-major général de l'armée ;

3° Pour les militaires de nos armées navales, par un certificat signé de cinq militaires du même équipage que le sujet proposé, parmi lesquels devront se trouver ceux de l'équipage revêtus, dans la Légion, du grade sollicité pour lui ; ce certificat devra être visé par le commandant du bâtiment ou des ports, et par le commandant en chef de l'escadre, quand ce bâtiment n'aura pas été employé isolément ;

4° Pour tout individu non militaire, par un certificat signé de cinq personnes exerçant des fonctions analogues à celles du sujet proposé, et, autant que faire se pourra, revêtus, dans la Légion, du grade sollicité pour lui : ce certificat, visé par son supérieur immédiat ou par le préfet du département, pour les personnes qui ne sont soumises à aucune hiérarchie, sera annexé au rapport spécial que nous fera, pour cet objet, le Ministre compétent, et qui nous sera soumis par notre Grand Chancelier.

ART. 22. Outre les cas extraordinaires mentionnés aux précédents articles, il pourra y avoir une ou deux nominations et promotions par année, mais seulement aux époques fixées ci-après, savoir :

Une au 1er janvier,

Et une au 15 juillet, jour de Saint-Henri, patron de notre auguste aïeul Henri IV.

ART. 23. La répartition des nominations et promotions dans la

Légion d'honneur, entre les divers Ministères, a lieu dans la proportion suivante, savoir :

Un quarantième, au Ministère de la Maison du Roi;
Deux quarantièmes, au Ministère de la Justice;
Un quarantième, au Ministère des Affaires étrangères;
Six quarantièmes, au Ministère de l'Intérieur;
Deux quarantièmes, au Ministère des Finances;
Vingt quarantièmes, au Ministère de la Guerre;
Cinq quarantièmes, au Ministère de la Marine;
Un demi-quarantième, au Ministère de la Police générale;
Deux quarantièmes et demi, à la Grande Chancellerie de la Légion
d'honneur [1].

ART. 24. Dans le mois qui précédera les deux époques indiquées
dans l'article 22, notre Grand Chancelier, d'après l'avis de nos Ministres, prendra nos ordres; et si nous jugeons convenable de faire
des nominations et promotions, nous déterminerons le nombre des
décorations pour chaque grade : notre Grand Chancelier en fera la
répartition à nos Ministres, conformément à l'article 23.

ART. 25. Sur l'avis que notre Grand Chancelier leur donnera, nos
Ministres lui adresseront la liste des personnes qu'ils jugeront avoir
mérité cette distinction.

ART. 26. De la réunion de ces listes, notre Grand Chancelier formera un corps d'ordonnance qu'il soumettra à notre approbation.

ART. 27. Nos Ministres, après chaque nomination ou promotion,
expédient des lettres d'avis à toutes les personnes nommées dans
leurs ministères. Ces lettres d'avis leur prescrivent de se pourvoir
auprès de notre Grand Chancelier pour obtenir l'autorisation nécessaire de se faire recevoir, d'être décorées, et l'expédition du brevet.

ART. 28. Toutes demandes de nomination et de promotion qui
nous seront adressées ou soumises par quelque personne que ce soit,
autre que nos Ministres, seront renvoyées à notre Grand Chancelier,
qui en fera le rapport, et nous présentera des projets d'ordonnances,
s'il y a lieu.

ART. 29. A l'avenir, nul ne pourra porter la décoration du grade
auquel il aura été nommé ou promu qu'après sa réception.

---

[1] Les quotes-parts servant de base à la répartition semestrielle des décorations
entre les différents Départements ministériels et la Grande Chancellerie sont,
aujourd'hui, fixées par décision présidentielle prise en Conseil des ministres.

TITRE IV.

ART. 30. Les princes de la famille royale, de notre sang, et les grand'croix prêtent serment entre nos mains et recoivent de nous les décorations.

ART. 31. En cas d'empêchement, nous désignons les princes de notre famille et de notre sang, ou notre Grand Chancelier, pour recevoir le serment et procéder aux réceptions des grand'croix. Dans l'un et l'autre cas, notre Grand Chancelier prend nos ordres.

ART. 32. Notre Grand Chancelier désigne, pour procéder aux réceptions des chevaliers, officiers, commandeurs, grands-officiers et grand'croix, un membre de la Légion d'un grade au moins égal à celui du récipiendaire.

ART. 33. Les militaires de tous grades et de toutes armes de terre et de mer, les membres des administrations qui en dépendent et les gardes nationales sont reçus à la parade.

ART. 34. Les personnes appartenant au civil sont reçues en séance publique des cours royales ou tribunaux d'arrondissement lorsqu'elles ne pourront pas l'être par notre Grand Chancelier ou la personne qu'il aura déléguée.

ART. 35. Le récipiendaire des troupes de terre et de mer prête à genoux le serment ci-après : « Je jure d'être fidèle au Roi, à l'Honneur et à la Patrie; de révéler à l'instant tout ce qui pourrait venir à ma connaissance et qui serait contraire au service de Sa Majesté et au bien de l'État; de ne prendre aucun service et de ne recevoir aucune pension ni traitement d'un prince étranger sans le consentement exprès de Sa Majesté; d'observer les lois, ordonnances et règlements, et généralement de faire tout ce qui est du devoir d'un brave et loyal chevalier de la Légion d'honneur. »

ART. 36. L'officier chargé de la réception d'un militaire, après avoir reçu son serment, le frappe d'un coup de plat d'épée sur chaque épaule, et, en lui remettant son brevet ainsi que sa décoration, lui donne l'accolade en notre nom.

ART. 37. Il est adressé au Grand Chancelier un procès-verbal de chaque réception; des règlements particuliers déterminent les modèles de procès-verbaux de réception.

Art. 38. A la guerre, les militaires de nos armées de terre et de mer, et les personnes qui dépendent de ces deux administrations, nommés ou promus, pourront être autorisés par notre Grand Chancelier à porter le ruban en attendant la réception.

Art. 39. En temps de guerre comme en temps de paix, il ne pourra être porté cumulativement avec nos ordres royaux aucun ordre étranger sans notre autorisation expresse transmise par notre Grand Chancelier.

TITRE V.

DES SÉRIES DE NUMÉROS ET DES BREVETS.

Art. 40. Les séries de numéros formées depuis la fondation de la Légion d'honneur jusqu'à ce jour sont supprimées.

Art. 41. Il sera commencé une seule et unique série de numéros à laquelle seront assujetties toutes les nominations faites depuis l'établissement de la Légion d'honneur, et toutes celles que nous pourrons faire dans la suite.

Art. 42. Toutes les lettres d'avis, diplômes ou brevets délivrés depuis l'établissement de la Légion d'honneur jusqu'à ce jour seront remplacés par de nouveaux brevets dont nous avons arrêté les modèles ; ils seront signés de notre main et contresignés par notre Grand Chancelier.

Art. 43. A la demande de notre Grand Chancelier, tous les membres de l'Ordre sont tenus de lui envoyer les pièces mentionnées au précédent article, et, après s'être assuré de l'identité des titulaires, il leur expédiera la formule de serment conforme à l'article 35 qu'ils devront signer, savoir :

1° Les militaires de toutes armes et de tous grades, en activé dans l'armée de terre et de mer, en présence des conseils d'administration, qui certifieront les signatures et l'identité des titulaires ;

2° Les militaires et membres des administrations de terre et de mer, en demi-solde et en retraite, dans la même formule que pour les certificats de vie ou feuilles de revue ;

3° Les états-majors des gouvernements, des divisions militaires, des départements, des places et colonies, des armées de terre et de mer, et les membres des administrations qui en dépendent, devant les inspecteurs ou sous-inspecteurs ou commissaires de la marine ;

4° Dans les ministères, directions et administrations, devant les chefs de division, dans les formes usitées pour les certificats et les légalisations ;

5° Enfin, pour le civil et pour les Français dans l'étranger, les certificats seront donnés dans les formes usitées.

ART. 44. Tout individu qui n'obéira point aux dispositions de l'article qui précède ou qui ne justifiera pas, par acte de notoriété, de l'impossibilité de représenter ses anciennes lettres, diplôme ou brevet, sera, après une enquête faite à ce sujet, rayé des registres matricules de l'Ordre, et il en sera donné avis aux autorités du ressort de l'individu.

TITRE VI.

DROITS ET PRÉROGATIVES DES MEMBRES DE L'ORDRE, FÊTES
ET CÉRÉMONIES PUBLIQUES.

ART. 45. Les grand'croix et les grands-officiers de la Légion d'honneur jouissent, dans nos palais et dans les grandes cérémonies, des mêmes droits, honneurs et prérogatives que les grand'croix de l'Ordre de Saint-Louis.

ART. 46. Les grand'croix et les grands officiers prennent rang, dans les cérémonies publiques, avec les grand'croix de l'Ordre de Saint-Louis, par ancienneté de nomination ; les commandeurs après eux, et les officiers et chevaliers, avec les chevaliers de Saint-Louis, également par ancienneté de nomination.

ART. 47. La fête de l'Ordre est fixée au 15 juillet, jour de Saint-Henri, fête de notre auguste aïeul.

ART. 48. Les grand'croix, les grands officiers, les commandeurs, officiers et chevaliers qui sont convoqués et assistent aux cérémonies publiques, religieuses ou civiles, y occupent, concurremment avec les mêmes grades de l'Ordre de Saint-Louis, des places particulières qui leur sont assignées par les autorités constituées, conformément au règlement sur les préséances.

ART. 49. Pour les honneurs funèbres et militaires, les grand'croix et les grands officiers de la Légion d'honneur sont traités comme les lieutenants généraux employés, lorsqu'ils n'ont point un grade militaire supérieur ; les commandeurs comme les colonels, les officiers comme les capitaines, les chevaliers comme les lieutenants.

ART. 50. Des grand'croix et des grands officiers de la Légion assistent aux grandes cérémonies publiques, civiles ou religieuses et funèbres. Le Grand-Maître des cérémonies de France prend chaque fois nos ordres à cet égard, et les transmet au Grand Chancelier, lequel convoque parmi les grand'croix et les grands officiers les personnes que nous avons désignées.

ART. 51. On porte les armes aux grands officiers, commandeurs, officiers et chevaliers; on les présente aux grand'croix.

ART. 52. Le Grand Chancelier nous propose, pour les légionnaires sous-officiers et soldats retirés de l'armée active, des gratifications annuelles, dont le montant est déterminé d'après l'âge du légionnaire, ses blessures, ses infirmités, son revenu personnel, l'état de sa famille et la population du lieu de sa résidence.

TITRE VII.

DISCIPLINE DES MEMBRES DE L'ORDRE.

ART. 53. La qualité de membre de la Légion d'honneur se perd par les mêmes causes que celles qui font perdre la qualité de citoyen français.

ART. 54. L'exercice des droits et des prérogatives des membres de la Légion d'honneur est suspendu par les mêmes causes que celles qui suspendent les droits de citoyen français.

ART. 55. Les Ministres-Secrétaires d'État de la Justice, de la Guerre et de la Marine, transmettent au Grand Chancelier des copies de tous les jugements en matière criminelle, correctionnelle et de police, relatifs à des membres de la Légion.

ART. 56. Toutes les fois qu'il y aura un recours en cassation contre un jugement rendu en matière criminelle, correctionnelle et de police, relatif à un légionnaire, le procureur général du Roi auprès de la Cour de cassation en rend compte sans délai au Ministre-Secrétaire d'État de la Justice, qui en donne avis au Grand Chancelier de la Légion d'honneur.

ART. 57. Les procureurs généraux du Roi auprès des cours royales et les rapporteurs auprès des conseils de guerre ne peuvent faire exécuter aucune peine infamante contre un membre de la Légion qu'il n'ait été dégradé.

ART. 58. Pour cette dégradation, le président de la Cour royale, sur le réquisitoire de l'avocat-général, ou le président du conseil de guerre, sur le réquisitoire du rapporteur, prononce, immédiatement après la lecture du jugement, la formule suivante : « Vous avez manqué à l'honneur; je déclare, au nom de la Légion, que vous avez cessé d'en être membre ».

Art. 59. Les chefs militaires de terre et de mer et les commandants des corps et bâtiments de l'État rendent aux Ministres-Secrétaires d'État de la Guerre et de la Marine un compte particulier de toutes les peines de discipline qui ont été infligées à des légionnaires sous leurs ordres. Ces Ministres transmettent des copies de ce compte au Grand Chancelier.

Art. 60. La cassation d'un chevalier de la Légion sous-officier en activité et le renvoi d'un soldat ou d'un marin chevalier de la Légion, ne peuvent avoir lieu que d'après l'autorisation des Ministres-Secrétaires d'État de la Guerre ou de la Marine; ces Ministres ne peuvent donner cette autorisation qu'après en avoir informé le Grand Chancelier, qui prendra nos ordres.

Art. 61. Le Roi peut suspendre en tout ou en partie l'exercice des droits et prérogatives attachés à la qualité de membre de la Légion d'honneur et même exclure de la Légion lorsque la nature du délit et la gravité de la peine prononcée correctionnellement paraissent rendre cette mesure nécessaire.

Art. 62. Un règlement particulier détermine les peines à infliger pour les actions qui ne peuvent être l'objet d'aucune poursuite de la part des tribunaux ou des conseils de guerre, et qui cependant attentent à l'honneur d'un membre de la Légion [1].

TITRE VIII.

ADMINISTRATION DE L'ORDRE.

Art. 63. L'administration de l'Ordre est confiée à un Grand Chancelier qui travaille directement avec nous. Il entre au Conseil de nos Ministres toutes les fois que nous jugeons convenable de l'y appeler pour discuter les intérêts de l'Ordre.

Art. 64. Le Grand Chancelier sera toujours choisi parmi les grands officiers de la Légion.

Art. 65. Un Secrétaire général, nommé par nous, est attaché à

---

[1] En exécution de cette prescription, le maréchal Macdonald, Grand Chancelier, avait préparé un projet de règlement auquel il ne fut pas donné suite. L'idée ne fut reprise qu'en 1873 (Voir loi du 25 juillet 1873, article 6, page 22, et décret du 14 avril 1874, page 22).

la Grande Chancellerie; il a la signature en cas d'absence ou de maladie du Grand Chancelier et le représente.

Art. 66. Le Grand Chancelier est dépositaire du Sceau de l'Ordre.

Art. 67. Tous les ordres étrangers sont dans les attributions du Grand Chancelier de l'Ordre royal de la Légion d'honneur.

Art. 68. Nos ordonnances relatives à cet Ordre sont contresignées par le Président du Conseil de nos Ministres, et visées par notre Grand Chancelier pour leur exécution.

Art. 69. Notre Grand Chancelier nous présente :

1° Les rapports, projets d'ordonnances, règlements et décisions concernant l'Ordre de la Légion et les ordres étrangers;

2° Les candidats désignés par nos Ministres, par d'autres personnes ou par lui, pour les nominations et promotions;

3° Présente les diplômes ou brevets à notre signature;

4° Prend nos ordres à l'égard des ordres étrangers conférés à nos sujets, qui l'en informent;

5° Transmet les autorisations de les accepter et de les porter;

6° Soumet à notre approbation le travail relatif aux gratifications extraordinaires des chevaliers de l'Ordre, ainsi qu'à l'admission et la révocation des élèves pensionnaires et gratuites dans les maisons royales de Saint-Denis et des orphelines de nos ordres royaux;

7° Dirige et surveille toutes les parties de l'administration de l'Ordre et ses établissements, la perception des revenus, les payements et dépenses;

8° Nous présente annuellement les projets de budget, préside les assemblées de canaux, etc.

70. Notre Cour des comptes sera chargée de l'apurement et règlement des comptes des dépenses annuelles relatives à la Légion d'honneur.

71. Toutes les dispositions antérieures, contraires à celles de la présente ordonnance, sont abrogées.

72. Nos Ministres et notre Grand Chancelier de l'Ordre royal de la Légion d'honneur, sont chargés, chacun en ce qui le concerne, de l'exécution de la présente ordonnance.

Donné au château des Tuileries, le 26 mars de l'an de grâce 1816, et de notre règne le vingt-unième.

Signé : LOUIS.

Par le Roi :

Le Ministre des Affaires étrangères,
Président du Conseil,

Signé : RICHELIEU.

II.

PROJETS ET PROPOSITIONS DE LOIS
ET PROJET DE RÉSOLUTION

relatifs aux Récompenses nationales, présentés de 1880 à 1909
et non discutés par le Parlement.

N° 1. — PROPOSITION DE LOI présentée par M. Ballue, député, réglementant les conditions dans lesquelles sera décernée la croix de la Légion d'honneur.

(Ch. des Députés. — Sess. de 1881. — N° 3317.)

Urgence déclarée. — Renvoyée à une Commission spéciale au nom de laquelle un rapport fut déposé par M. Ballue, le 4 avril 1881 (n° 3542).

Cette proposition de loi exigeait cinq années au moins de grade de chevalier (au lieu de quatre) pour être promu officier, et quatre années de grade d'officier (au lieu de deux) pour être promu commandeur.

Elle prescrivait, en outre, que lorsque la décoration serait décernée pour actions d'éclat, œuvres scientifiques, littéraires ou artistiques dignes d'une récompense exceptionnelle, découvertes, inventions ou services hors ligne, il serait fait mention complète, précise et explicite des titres et des conditions.

N° 2. — *PROPOSITION DE LOI présentée par M. Viette, député, tendant à créer une commission de neuf membres composée du Grand Chancelier, de quatre Sénateurs et quatre Députés, renouvelables chaque année, chargée d'établir des listes de candidatures à la Légion d'honneur pour les services civils, sans préjudice des attributions du Conseil de l'Ordre.*

(Ch. des Députés. — Sess. de 1884. — N° 2576.)

Renvoyée à la 20° Commission d'initiative parlementaire. — Rapport sommaire de M. Horteur, député, concluant au rejet de la proposition (n° 2622).

N° 3. — *PROPOSITION DE LOI présentée par M. Le Provost de Launay, député, tendant à interdire aux ministres démissionnaires de contresigner des décrets conférant la croix de la Légion d'honneur pour des services autres que des services militaires.*

(Ch. des Députés. — Sess. de 1885. — N° 3678.)

Adoptée en séance par la Chambre des députés, le 1er avril 1885, et transmise, le lendemain, au Sénat qui n'a pas statué.

N° 4. — *PROPOSITION DE LOI présentée par MM. Lagnel et Barodet, députés, tendant à la suppression des nominations, à titre civil, dans l'Ordre national de la Légion d'honneur.*

(Ch. des Députés. — Sess. de 1890. — N° 671.)

Renvoyée à la 7° Commission d'initiative parlementaire. — Rapport de M. Vallé, député, concluant au rejet de la proposition (n° 807).

ART. 1er. — A l'avenir, la décoration de la Légion d'honneur sera exclusivement réservée à la récompense des actes de bravoure et de dévouement accomplis en présence de l'ennemi [1].

ART. 2. — Il ne sera plus accordé de décorations civiles de quelque nature et pour quelque cause que ce soit.

[1] L'article 1er reproduit le dispositif du décret du 28 octobre 1870 abrogé par la loi du 25 juillet 1873 (voir *supra*, p. 22, renvoi 2). On trouvera plus loin (p. 84, n° 10) une proposition de loi de M. Zévaès rédigée dans le même sens.

N° 5. — *Projet de loi présenté au nom de M. Félix Faure, Président de la République, par M. L. Trarieux, Garde des Sceaux, Ministre de la Justice, relatif à la réorganisation et aux attributions du Conseil de l'Ordre de la Légion d'honneur* [1].

(Ch. des Députés. — Sess. extr. de 1895. — N° 1559.)

Renvoyé aux bureaux.

Art. 1er. Le Conseil de l'Ordre de la Légion d'honneur se compose de quinze membres.

Il est présidé par le Grand Chancelier et, à son défaut, par le Secrétaire général.

Art. 2. Le Conseil de l'Ordre est renouvelable par tiers tous les deux ans.

Lors du premier renouvellement, les membres partants seront désignés par le sort.

Ils ne pourront être nommés de nouveau que deux ans après l'expiration de leurs pouvoirs.

Art. 3. Les fonctions de Grand Chancelier et de Secrétaire général de l'Ordre de la Légion d'honneur ne peuvent être confiées simultanément à des légionnaires figurant dans les cadres tous les deux au titre militaire ou au titre civil.

Art. 4. Le Grand Chancelier de la Légion d'honneur doit compte au Garde des Sceaux, Ministre de la Justice, dont il relève, des actes de son administration.

Art. 5. Chaque année, un décret du Président de la République, rendu sur la proposition du Garde des Sceaux, Ministre de la Justice, désigne un commissaire du Gouvernement, et, à son défaut, un commissaire suppléant, pour remplir les fonctions de ministère public dans les affaires disciplinaires poursuivies contre les membres de l'Ordre.

---

[1] La Chambre des Députés, dans sa séance du 13 juillet 1895, avait voté un ordre du jour invitant le Gouvernement à déposer un projet de loi réorganisant le Conseil de l'Ordre de la Légion d'honneur. À la suite de ce vote, M. le général Février, Grand Chancelier, M. le général Rousseau, Secrétaire général, et les membres du Conseil de l'Ordre donnèrent leur démission. Toutefois, sur la demande du Gouvernement, ils restèrent en fonctions pour l'expédition des affaires urgentes jusqu'au 7 décembre 1895, date à laquelle le *Journal officiel* publia les décrets de nomination du Grand Chancelier, du Secrétaire général (qui fut choisi parmi les Conseillers d'État) et de dix membres du Conseil de l'Ordre.

L'avis qui interviendra dans les affaires soumises au Conseil de l'Ordre devra mentionner que le commissaire du Gouvernement a été entendu dans ses conclusions.

Art. 6. Les projets de décrets portant nomination et promotion dans l'Ordre de la Légion d'honneur seront communiqués au Conseil de l'Ordre qui vérifiera si les nominations et promotions sont faites en conformité des lois, décrets et règlements en vigueur.

La déclaration rendue par le Conseil de l'Ordre, à la suite de cette vérification, sera mentionnée dans chaque décret.

Les admissions et avancement pour services extraordinaires seront délibérés en Conseil des Ministres.

Art. 7. Les dispositions des lois et règlements relatifs à l'organisation et au fonctionnement du Conseil de l'Ordre de la Légion d'honneur sont abrogées en ce qu'elles ont de contraire à la présente loi.

N° 6. — *Proposition de loi présentée par M. Bazille, député, ayant pour objet de modifier les traitements alloués aux membres de la Légion d'honneur et aux Médaillés militaires.*

(Ch. des Députés. — Sess. de 1897. — N° 2193.)

Renvoyée à la Commission du budget.

Aux termes de l'article 1er de cette proposition de loi, les traitements des membres militaires de la Légion d'honneur devaient être ainsi fixés :

Grand croix	1,500f au lieu de	3,000f
Grand officier	1,000 —	2,000
Commandeur	500 —	1,000
Officier	400 —	500
Chevalier	300 —	250

Le traitement annuel des Médaillés militaires était porté de 100 francs à 150 francs.

Pour faire face à l'accroissement des dépenses résultant de ces modifications (accroissement évalué dans l'exposé des motifs à 2,806,450 fr.), l'honorable M. Bazille proposait :

1° De doubler le taux actuel des droits de chancellerie perçus pour l'expédition des brevets[1] ;

[1] Décret du 22 mars 1875, art. 1er, § 1er (voir *supra*, page 17, renvoi 1).

2° D'augmenter dans une assez forte proportion le prix des insignes fournis aux légionnaires civils [1] ;

3° De prendre des mesures rigoureuses en vue d'assurer le recouvrement des droits exigés pour le port des décorations étrangères [2].

N° 7. — *Proposition de loi présentée par MM. Bazille, Ridouard et Lauraine, députés, tendant à créer une distinction honorifique sous le nom* d'Ordre du Mérite industriel et commercial.

(Ch. des Députés. — Sess. de 1899. — N° 965.)

Renvoyée à la Commission du commerce et de l'industrie.

N° 8. — *Proposition de loi présentée par MM. de l'Estourbeillon, Gervaize, Gᵃˡ Jacquey, Colle et de Salignac-Fénelon, députés, tendant à créer une croix ou médaille dite du* Zèle militaire, *en faveur des officiers de la réserve et de l'armée territoriale.*

(Ch. des Députés. — Sess. de 1899. — N° 795.)

Repoussée par la Commission de l'armée à laquelle elle avait été renvoyée.

N° 9. — *Proposition de loi présentée par M. Bazille, député, tendant à créer une croix du* Mérite militaire, *attribuée à l'ancienneté aux officiers, sous-officiers et soldats de l'armée active, de la réserve et de l'armée territoriale.*

(Ch. des Députés. — Sess. de 1899. — N° 976.)

Repoussée par la Commission de l'armée à laquelle elle avait été renvoyée.

N° 10. — *Proposition de loi présentée par MM. Zévaès, Allard, Bénézech, Jules-Louis Breton et plusieurs de leurs collègues, tendant à réserver la décoration de la* Légion d'honneur *à la récompense des actes de bravoure et de dévouement accomplis en présence de l'ennemi.*

(Ch. des Députés. — Sess. de 1900. — N° 1546.)

Urgence déclarée.

---

[1] Décret du 29 décembre 1892 (voir *supra*, page 45).

[2] Le décret du 22 mars 1875, art. 1ᵉʳ, § 2, a fixé comme suit ces droits de chancellerie :

Décoration portée à la boutonnière	100ᶠ
— — en sautoir..	150
— — avec plaque......................................	200
— — en écharpe.......................................	300

N° 11. — *PROPOSITION DE LOI présentée par M. Pierre Richard, député, tendant à réserver la décoration de la Légion d'honneur aux citoyens qui, par des actes de courage ou de dévouement, des découvertes ou des travaux d'utilité publique, auront servi le pays et l'humanité.*

(Ch. des Députés. — Sess. de 1900. — N° 1574.)

Renvoyée à la Commission du commerce et de l'industrie.

N° 12. — *PROPOSITION DE LOI présentée par M. Mirman, député, ayant pour objet de créer une organisation démocratique des récompenses nationales, en supprimant le régime actuel de l'ordre de la Légion d'honneur, des Palmes académiques et du Mérite agricole, et en restituant au Jury le droit de décerner les récompenses.*

(Ch. des Députés. — Sess. extr. de 1900. — N° 2012.)

N° 13. — *PROPOSITION DE LOI présentée par l'amiral Rieunier, député, ayant pour objet de donner au Conseil de l'Ordre de la Légion d'honneur des pouvoirs effectifs de contrôle et de censure, assurant les garanties indispensables aux admissions et aux promotions, et permettant l'exclusion et la déchéance de toute personne indigne, non seulement de l'Ordre de la Légion d'honneur, mais des autres distinctions honorifiques.*

(Ch. des Députés. — Sess. de 1901. — N° 2358.)

Renvoyée à la Commission relative aux récompenses nationales et à la Légion d'honneur.

N° 14. — *PROPOSITION DE LOI présentée par MM. Ch. Bernard et A. Chiché, députés, ayant pour objet de supprimer toutes les décorations civiles.*

(Ch. des Députés. — Sess. de 1902. — N° 3064.)

Renvoyée à la Commission des récompenses nationales.

N° 15. — *PROPOSITION DE LOI tendant à la suppression des maisons d'éducation de la Légion d'honneur, présentée par MM. Victor Dejeante, Allard, Bénézech, Bouveri, Chauvière, Constans (Allier), Jules Coutant (Seine), Delory, Dufour (Indre), Marcel Sembat, Thivrier, Vaillant, Walter, députés.*

(Ch. des Députés. — Sess. de 1903. — N° 645.)

Renvoyée à la Commission de l'armée.

Art. 1er. Les maisons d'éducation de la Légion d'honneur sont supprimées.

Art. 2. Les élèves de ces maisons seront réparties comme boursières de l'État dans les collèges et lycées de jeunes filles situés le plus à proximité des familles et en tenant compte des désirs exprimés à cet égard par les parents.

Art. 3. Il sera alloué chaque année au Grand Chancelier de la Légion d'honneur le crédit nécessaire pour être réparti en bourses d'internat, demi-bourses d'internat ou bourses de demi-pensionnat entre les filles des légionnaires.

Art. 4. Les maisons d'éducation de la Légion d'honneur seront transférées au Ministère de l'Instruction publique pour être utilisées comme lycées de jeunes filles.

N° 16. — *Projet de loi sur les récompenses nationales, présenté au nom de M. Émile Loubet, Président de la République, par M. E. Vallé, Garde des Sceaux, Ministre de la Justice.*

(Ch. des Députés. — Sess. extr. de 1903. — N° 1368.)

Urgence déclarée. — Renvoyé aux bureaux.

Art. 1er. Les croix de tout grade dans la Légion d'honneur attribuées sans traitement sont imputées soit sur le contingent normal, soit sur la réserve.

Art. 2. Le nombre des croix attribuées sur le contingent normal ne peut dépasser les chiffres suivants : 18 grands-croix, 45 grands officiers, 230 commandeurs, 1,700 officiers, 12,000 chevaliers.

Les croix visées par l'article 2 de la loi du 10 avril 1897, ainsi que celles qui ont été conférées en exécution de l'article 5 de la loi du 28 janvier 1897, des lois des 27 décembre 1899, 18 avril 1900 et 13 mars 1901, et dont les titulaires sont actuellement vivants, font partie du contingent normal.

Art. 3. La réserve est exclusivement destinée :

1° A pourvoir à l'exécution des lois attribuant des décorations, sans traitement, à la réserve des armées de terre et de mer, à l'armée territoriale, aux corps militaires des douaniers et chasseurs forestiers, aux Services de la Trésorerie et des Postes aux armées ;

2° A être attribuée à l'ordre civil dans des circonstances exceptionnelles, qui seront déterminées chaque fois par des lois spéciales.

A chaque occasion, la loi devra également déterminer le nombre maximum des croix qui pourront être prélevées sur la réserve.

ART. 4. Le nombre des croix attribuées sur la réserve ne peut dépasser les chiffres suivants :

5 grands-croix, 20 grands officiers, 80 commandeurs, 700 officiers, 3,000 chevaliers.

Dans ce chiffre seront comprises les croix conférées en exécution des lois spéciales des 7 avril, 11 juillet, 27 novembre 1900; 29 mars, 31 mars, 2 avril, 10 juillet 1901; 28 mars, 1er avril, 7 avril et 3 juillet 1903, dont les titulaires sont actuellement vivants.

ART. 5. Les vacances et les extinctions qui se produiront parmi les titulaires de croix de la réserve profiteront exclusivement à ladite réserve.

Cette disposition s'applique aussi aux titulaires actuels de croix prises sur le contingent de réserve de la loi du 28 janvier 1897.

ART. 6. Tous les six mois, le Conseil de l'Ordre arrêtera, conformément au paragraphe 3 de l'article premier de la loi du 25 juillet 1873, le nombre des vacances survenues et des extinctions notifiées dans le cours du semestre expiré, tant sur le contingent normal que sur la réserve, et dressera un tableau fixant :

1° Pour les grands-croix et grands officiers du contingent normal, le nombre des vacances venant s'ajouter aux croix disponibles de ces grades, pour être attribuées par le Conseil des Ministres;

2° Pour les commandeurs, officiers et chevaliers du même contingent normal, un projet de répartition entre les divers Ministères et la Grande Chancellerie, des croix sans traitement provenant desdites vacances ou prévues à l'article 7 ci-après.

ART. 7. Le nombre des croix de commandeurs, officiers et chevaliers, sans traitement, réparties semestriellement, est égal, en principe, au nombre des vacances survenues et des extinctions notifiées parmi les titulaires de ces croix du contingent normal.

Toutefois, tant que l'effectif des titulaires de croix de commandeurs, d'officiers et de chevaliers du contingent normal sera inférieur au chiffre de croix de ces grades indiqués à l'article 2, le nombre de croix à répartir semestriellement sera celui des vacances et extinctions visées ci-dessus, augmenté du complément nécessaire pour atteindre les chiffres ci-après : 12 commandeurs, 60 officiers, 315 chevaliers.

Art. 8. Les croix non attribuées pendant un semestre s'ajouteront à celles du semestre suivant.

Art. 9. La répartition semestrielle est faite par décision du Président de la République rendue sur la proposition du Grand Chancelier et contresignée par le Garde des Sceaux, Ministre de la Justice.

La répartition du contingent semestriel se fait entre tous les Ministères et la Grande Chancellerie, exception faite des Ministères de la Guerre et de la Marine.

Art. 10. L'article 5 de la loi du 28 janvier 1897, les lois du 27 décembre 1899, du 18 avril 1900 et du 13 mars 1901, et tous les textes contraires à la présente loi sont abrogés.

N° 17. — *Proposition de loi présentée par M. Mirman, député, ayant pour but de supprimer toutes les décorations.*

(Ch. des Députés. — Sess. extr. de 1903. — N° 1380.)

Urgence déclarée.

N° 18. — *Proposition de loi présentée par M. Failliot, député, tendant à réglementer les nominations et promotions dans l'Ordre national de la Légion d'honneur.*

(Ch. des Députés. — Sess. de 1905. — N° 2413.)

Urgence déclarée.

Renvoyée à la Commission des récompenses nationales.

Au nombre des dispositions intéressantes contenues dans cette proposition, il convient de signaler les suivantes :

« Art. 1er. Les croix de tout grade dans la Légion d'honneur sont réparties entre deux ordres :

1° L'ordre militaire comprenant les armées de terre et de mer, les réserves de ces armées, l'armée territoriale, les corps militaires des douaniers et chasseurs forestiers, les Services de la Trésorerie et des Postes aux armées ;

2° L'ordre civil.

Art. 2. Les croix attribuées dans l'ordre militaire comportent seules les traitements actuellement attachés à chaque grade dans la

Légion d'honneur, mais seulement si elles sont, en cours de service, accordées pour faits de guerre ou pour expéditions lointaines.

ART. 3. Tout officier, sous-officier 'et soldat des armées de terre et de mer en activité de service avant la promulgation de la présente loi aura droit au traitement attaché au grade auquel il parviendrait dans la Légion d'honneur après la promulgation de la présente loi.

. . . .

ART. 10. Aucun service rendu à titre politique ou électoral ne pourra être invoqué à l'appui d'une demande de nomination ou de promotion dans la Légion d'honneur.

Il en sera de même pour toute fonction ou emploi public qui n'aura pas été rempli pendant au moins dix années consécutives. »

. . . .

Des dispositions spéciales réglementaient minutieusement les renseignements à fournir à la Grande Chancellerie à l'appui des propositions, et l'avis du Conseil de l'Ordre, prévu seulement pour les services exceptionnels par l'article 34 de la loi du 16 avril 1895, était rendu obligatoire pour toutes les candidatures « afin de mieux assurer le contrôle de tous les services invoqués ».

N° 19. — *PROJET DE LOI présenté au nom de M. Émile Loubet, président de la République, par M. Étienne, Ministre de la Guerre, et par M. Chaumié, Garde des Sceaux, Ministre de la Justice, ayant pour but de faire compter pour l'admission ou l'avancement dans la Légion d'honneur le temps passé par les officiers dans la position de non-activité pour infirmités temporaires résultant du service.*

(Ch. des députés. — Sess. extr. de 1905. — N° 2783.)

Renvoyé à la Commission de l'armée.

N° 20. — *PROPOSITION DE LOI présentée par M. Astier, député, relative à l'admission dans l'Ordre national de la Légion d'honneur au titre du Commerce et de l'Industrie.*

(Ch. des députés. — Sess. extr. de 1905. — N° 2870.)

Texte adopté par la Commission du commerce et de l'industrie, d'accord avec le Ministre du Commerce et avec la Commission des récompenses nationales :

ARTICLE UNIQUE. Sont assimilées aux fonctions civiles visées par l'article 11 du décret organique de la Légion d'honneur du 16 mars

1852, les fonctions remplies dans les Chambres de commerce, les Chambres consultatives des arts et manufactures, les Tribunaux de commerce, les Conseils de prud'hommes, les Comités et conseils institués près des administrations publiques, les établissements d'enseignement, les Conseils d'administration ou de direction des Chambres syndicales, des Caisses d'épargne, des Sociétés d'habitation à bon marché et autres œuvres d'économie sociale, ainsi que celles de Conseillers du commerce extérieur.

Nul ne peut être admis dans l'Ordre de la Légion d'honneur au titre du commerce et de l'industrie s'il n'a vingt-cinq ans de pratique commerciale ou industrielle, ou s'il n'a exercé pendant vingt ans les fonctions prévues au paragraphe précédent.

Toutefois, la durée réglementaire de services peut être réduite à dix ans en cas de nomination pour services exceptionnels, aux conditions prévues par l'article 34 de la loi du 16 avril 1895, et à cinq ans si la personne dont il s'agit a été placée hors concours, en raison de ses récompenses antérieures, ou a obtenu au moins une médaille d'or dans une Exposition organisée avec la participation officielle du Gouvernement français.

Cette proposition de loi a été l'objet d'un certain nombre d'amendements reproduits ci-dessous dans l'ordre où ils ont été déposés :

a) M. G. GROSJEAN, député :

> *Substituer au dernier paragraphe du texte de la Commission les dispositions suivantes :*

« Toutefois, la durée réglementaire de services peut être réduite exceptionnellement à dix ans, si la personne dont il s'agit a été placée hors concours ou a obtenu la plus haute récompense dans une exposition organisée avec la participation officielle du Gouvernement français. »

b) M. VIOLLETTE, député :

> *Ajouter à l'article unique le paragraphe suivant :*

« Les membres du Parlement ne peuvent être l'objet d'aucune nomination ou promotion dans l'Ordre de la Légion d'honneur [1]. »

c) M. D'AUBIGNY, député :

ARTICLE ADDITIONNEL. — En cas de naturalisation, les années de ser-

---

[1] Disposition reprise et insérée dans la loi du 18 juillet 1906 créant un contingent spécial de croix à l'occasion de l'Exposition de Saint-Louis, dont elle forme l'article 3. (Voir *supra*, page 4, renvoi 1.)

vice ou de pratique commerciale exigées par la présente loi ne compteront qu'à dater du jour de la naturalisation.

d) M. Gauthier (de Clagny), député :

Rédiger ainsi le 3ᵉ paragraphe :

« Toutefois, la durée réglementaire de services peut être réduite exceptionnellement à *dix ans*, si la personne dont il s'agit a été placée hors concours ou a obtenu la plus haute récompense dans une exposition organisée avec la participation officielle du Gouvernement français. »

e) M. Gauthier (de Clagny), député :

Ajouter un second article ainsi conçu :

« Lorsqu'un industriel étranger aura attendu pour se faire naturaliser Français qu'il n'ait plus d'obligations à remplir au regard de la loi militaire, ses années de service, au point de vue de la Légion d'honneur, ne compteront qu'à dater du jour de sa naturalisation. »

f) M. Arnal, député :

Ajouter un second article ainsi conçu :

« Aucun projet de décret portant nomination d'un industriel ou d'un commerçant dans la Légion d'honneur ne pourra être soumis à l'examen du Conseil de l'Ordre s'il n'est accompagné du dossier de l'enquête faite par le Ministre du Commerce sur la moralité et les antécédents du candidat et de l'extrait n° 1 de son casier judiciaire. »

g) M. Brindeau, député :

Ajouter un second article ainsi conçu :

« Seront seules considérées comme années de pratique celles passées en qualité de chef de maison ou de directeur ou administrateur d'une exploitation commerciale ou industrielle. »

h) M. G. Berthoulat, député :

Ajouter un second article ainsi conçu :

« Aucune promotion ou nomination ne pourra être faite dans l'Ordre de la Légion d'honneur, au titre du commerce et de l'industrie, dans les deux mois qui précéderont la date fixée pour les élections générales législatives ou le renouvellement triennal du Sénat. »

i) M. Engerand, député :

Substituer au texte de la Commission l'article suivant :

Article unique. — « Sont assimilées aux fonctions civiles visées par l'article 11 du décret organique de la Légion d'honneur du 16 mars 1852, les fonctions remplies dans les chambres de commerce, les chambres consultatives des arts et manufactures, les tribunaux de commerce, les conseils de prud'hommes, les chambres syndicales, les caisses d'épargne, les sociétés d'habitations à bon marché, les établissements d'enseignement technique ou les commissions et conseils supérieurs institués près le Ministère du Commerce.

« Nul ne peut être admis dans l'Ordre de la Légion d'honneur, au titre du commerce et de l'industrie, s'il n'a exercé pendant vingt ans, avec distinction, les fonctions prévues au paragraphe précédent.

« Toutefois la durée réglementaire de services peut être réduite exceptionnellement à dix ans, si la personne dont il s'agit a été placée hors concours ou a obtenu la plus haute récompense dans une exposition organisée avec la participation officielle du Gouvernement français. »

j) M. Maurice Spronck, député :

Ajouter à l'article unique le paragraphe suivant :

« Dans aucun cas, un contingent exceptionnel de croix de la Légion d'honneur ne pourra être attribué au titre du commerce et de l'industrie dans les six mois qui suivront les élections législatives. »

k) M. Guyot de Villeneuve, député :

Ajouter à l'article unique le paragraphe suivant :

« Aucune promotion ou nomination dans l'ordre national de la Légion d'honneur ne pourra être faite, au titre de commerce et de l'industrie, en dehors des limites et des dispositions de la loi du 28 janvier 1897. »

N° 21. — *Projet de résolution présenté par M. Georges Berry, député, ayant pour but l'institution d'un ordre spécial destiné à récompenser les services rendus au Commerce et à l'Industrie.*

(Ch. des députés. — Sess. de 1906. — N° 2945.)

Renvoyé à la Commission du Commerce et de l'Industrie.

N° 22. — *Proposition de loi présentée par MM. Max. Lecomte, A. Girard, Éliez-Évrard, Potié, Bersez, Trystram et Hayez, sénateurs, concernant l'organisation du Conseil de l'Ordre national de la Légion d'honneur.*

(Sénat. — Sess. de 1906. — N° 29.)

Article unique. — Les membres du Sénat et de la Chambre des Députés ne peuvent pas faire partie du Conseil de l'Ordre national de la Légion d'honneur.

Amendement à la proposition de loi ci-dessus présenté par M. Le Provost de Launay, sénateur :

Ajouter un article ainsi conçu :

« Article 2. — Ne pourront être nommés membres du Conseil de l'Ordre de la Légion d'honneur les fonctionnaires civils salariés par le Gouvernement. »

N° 23. — *Proposition de loi présentée par M. Ballande, député, tendant à décerner la décoration de la Légion d'honneur avec traitement aux titulaires, depuis trente ans révolus, de la Médaille militaire pour blessures ou faits de guerre.*

(Ch. des députés. — Sess. extr. de 1908. — N° 2110.)

Adoptée par la Commission de l'armée à laquelle elle avait été renvoyée. — M. Paul Bénazet, député, rapporteur.

TABLE DES MATIÈRES.

———

Imprimerie nationale. — 63–85-1909.

www.ingramcontent.com/pod-product-compliance
Lightning Source LLC
Chambersburg PA
CBHW071503200326
41519CB00019B/5855